【公孫策說歷史故事（五）】

大唐風

帝國盛極而衰
詩人隨波浮沉

公孫策

〈總序〉三十本經典，一千個故事

經典之所以為經典，因為它的價值歷久不衰。例如我們對經典老歌，總能哼上幾句；對經典名句（如「多行不義必自斃」等）也能琅琅上口。可是一聽到「四書五經」、「經史子集」，大多數人都會敬而遠之。

原因之一，是我們對經典的整理工作，做得太少了。宋朝朱熹注解《四書》，就是一種整理工作，也的確讓《四書》普及於當時的一般人。清朝蘅塘退士輯《唐詩三百首》、吳氏兄弟輯《古文觀止》，也都是著眼於「經典普及化」的整理工作。然而，中華民國建國一百年了，卻未見值得稱道的經典整理作品。

另一個原因，是考試成了教育的唯一目的。於是，凡考試不考的，學生當然就不讀。這不能怪學生，也不能怪老師，事實上大家都為了考試心無旁騖。而那些對經典充滿使命感的大人們，只好規定一些必考的經典。其結果是，學生為了考試，讀了、背了，考完就忘了，而且從此痛恨讀經，視經典為洪水猛獸或深仇大恨——經典反成了學生心目中的「全民公敵」！

城邦出版集團執行長何飛鵬兄對中國經典有他的使命感，城邦也出版了很多「經典整理」的書籍，如：〈中文經典100句〉、〈經典一日通〉等系列。飛鵬兄建議我「以三十本經典為範疇，寫至少一千個故事」，取材標準則是「好聽的故事、經典的故事、有用的故事」。

為此，我發願以四年時間，寫完一千個故事，每天一則，在城邦集團的「POPO原創」網站發表，這項任務在二〇一四年間完成。然而，網路PO文雖然停止，我仍然繼續寫故事，希望這個「說歷史故事」系列可以一直寫下去。

簡單說，這一個系列嘗試以「說故事」的形式，將經典整理成能夠普及大眾的版本。不是「概論」，也不是「譯本」，而是故事書。然為傳承經典，加入「原典精華」，讓讀者又不僅僅是看故事書而已。

公孫策

二〇一一年秋

二〇一五年冬修訂

目錄

〈推薦序〉詩史互證御唐風

文藝復興時代的佛羅倫斯政壇，爾虞我詐、鬥爭頻繁且僭主不斷，但文化藝術卻臻於頂峰、人才創見齊發；宛如安史之亂、藩鎮割據與牛李黨爭的中唐以後，卻是唐詩盛世、文學家輩出的時代。就像世人錯認宋朝經常兵敗、屢遭外患，於是以「積弱不振」一言蔽之；殊不知，宋代的經濟已達工業革命前夕、科技進步武器發達、理學思辨佛道高深，是個文化盛世。因此政治社會傾頹，往往也是文化成熟之時，本書作者深切了解這類歷史脈絡，以詩入史，帶我們探訪生於中衰之世的詩人，也是大臣們，這是「以士治國」中華文化獨具的特色。

歷史，說「故去之事」，怎麼說？古有史家，今有高人。史家的經典用語，離我們的時代已遠，仰賴有心方家，探囊解謎。故事人人會說，巧妙各自不同。本書作者如法國哲士伏爾泰般，以筆名行世，用七俠五義的演義精神，敷演原典與詩詞中的人物，讓古人復活於當下。從用字遣詞、引經據典和註解詳實，可知學問功力；又能淺白入手、娓娓訴來，彷彿唐代傳奇。每則故事以2000字左右的文字篇幅，看似獨立成篇，卻又藕斷絲連，環環相扣。更令人驚豔的是，提供精緻的地圖，指出歷史變遷是主軸，時間必立於空間上。

舉幾個好例，說明作者的淵博與用心。

《山海經》形容安祿山關心李林甫對他的評語，讚賞之則開心，若說應該檢討了，安祿山「輒反手據床曰：噫嘻，我死矣！」。作者如此譯寫：「安祿山就上身後仰，反手按住椅邊，說：啊，我死了，死了！（這句話用台語念，尤其傳神）」，的確傳神！

運用詩詞，信手拈來，將杜甫〈兵車行〉串成史事，「原來天可汗的盛世功業是建築在『千村萬落生荊杞』上頭。役男『去時里正與裹頭』，戰事結束『歸來頭白還戍邊』。而天下父母『不重生男重生女』的另一個解釋，卻是『生女猶得嫁比鄰，生男埋沒隨百草』」。又，解釋《舊唐書》字句「權豪斂跡、奸臣畏法、閹寺懾氣」，簡潔的說：「也就是沒有權奸，沒有黨爭，也沒有宦官弄權。」如此文字，最契合大眾，也適合學子。

選用史料，不只是對眾人熟知的李白、杜甫深度著墨；還有許多不熟悉人物如李泌、房琯等動人的小故事；更將侯孝賢電影《刺客聶隱娘》的原型傳奇說得透徹，以「涇原兵變」標題，提醒讀者，這不過是藩鎮間爭奪地盤的頻繁行刺事件之一。也不時引用名句，提醒眾人，其實大家耳熟能詳，如詩人李紳是（名句「誰知盤中飧，粒粒皆辛苦」的作者）；杜牧不只風流，還能上書言兵事，真實立體；巧妙串起元稹、白居易和劉禹錫詩人間的相似命運，說「白居易與元稹初入仕那一年，劉禹錫已經進入權力核心。」類似美國漢學大師史景遷在《天安門：中國的知識份子與革命》書中，將康有為、孫中山、丁玲等近現代中國人物之間的行事，完美交織。

善用括號，地理有今名可供查考；或三言兩語古今映照，如唐代擁有「同平章事」頭銜者，即可入政事堂議政，以三個字（宰相級），輕鬆表達完整涵意。再如成語「羅掘俱窮」，簡單幾字註解（鳥、鼠都捕盡），於是《資治通鑑》、《唐詩三百首》、《古文觀止》輕鬆今釋。以詩入史的標題，袖出人物芳華，經典已不只是本身。

單兆榮／北一女中退休歷史教師
93年台北市特殊優良教師

〈推薦序〉「吞吐抑揚，入情入理，入筋入骨」的文史故事

唐詩，在中學教科書裡，往往收錄有限，餘則為部分學校補充教材。授課時，也因進度上的時間限制，無法細說創作背景來龍去脈，僅能補充耳熟能詳的典故。如此讀來，別說讓學生感動，連老師恐怕也只是將唐詩視為「教材」或「補充教材」而已。倘若今日有老師將唐朝史實與詩人生平、創作聯結，並以說故事的方式呈現，臻至晚明張岱形容柳敬亭說書「吞吐抑揚，入情入理，入筋入骨」那樣的藝術境界，我相信讀唐詩，不僅是至多在「欣賞」境界，而是已能達到被融化的境地了。

朗讀古今詩文是我的興趣，而將這項興趣融入教學，讓學生喜歡朗讀，享有更精緻的閱讀，是我的理想。在讀《大唐風》之前，我以為自己盡力了。讀畢方悟個人的教學革命尚未成功，如欲令自己的朗讀技術無可挑剔、無愧於作者，勢必一讀再讀，如同此書般，與歷史共談的文學家故事。唯有將文學家的生命與歷史結合，才真能感受到他們與作品共

存的生命，而非談人歸談人，談作品歸談作品。原來過去朗讀不少古今文人大作，也只是了解作者的部分精神與情感，縱使得到不少掌聲，卻仍愧對那些文人。我並未真正走入他們的生命，也未完完全全讀出它們的精魂；而僅是七拼八湊他們的旅程，便以為讀懂了它們傾訴的全部。今日一讀……，唉！我已不知該說是被公孫策先生徹底感動，還是該說被過去我了解的那些唐朝文人徹徹底底感動了。

手捧《大唐風》，即使不敢一擾旁人，也要在心裡一句一句地憋著讀，一旦四下無人，放聲朗讀它幾頁也甘願！「唐玄宗親上勤政樓，宣布要御駕親征，可是長安老百姓沒人信他。事實上，那正是皇家逃難的假動作。但假戲也得演得像真的，於是……」「這一群權力新貴，互相吹捧，你說我是伊尹（商湯的宰相），我說你是周公，我說他是管仲，他說我是諸葛亮，簡單說，得意忘了形！」

「吞吐抑揚，入情入理，入筋入骨」這十二字，哪裡僅是形容說書的至高殿堂？一本故事書也能說得如此，那就是《大唐風》。您也捧起一本讀讀看，肯定能感動那其中每首唐詩對您訴說的精魂。

畢仙蓉／惠文高中國文科教師

〈作者序〉帝國巨變中的詩人心境

大唐，天可汗的朝代，中國人的歷史驕傲，壯盛、繁榮、絢麗，是吧！

但事實卻不盡然。

首先是帝國的版圖。左頁是唐朝的歷史地圖，帝國朝廷直轄治理的領土，跟我們的一般印象很不一樣，原因就在「天可汗」是所有部族的可汗，因此草原部族只是名義上臣服。帝國朝廷基本上只管農業地區，而那道國境線大致就是氣象學的十五吋等雨線。（附圖中粗黑曲線）

天可汗的廓然大度，在國力強盛時不是問題，可是一旦國力衰退，就成為國防上的弱點。而國力衰弱，則是無法避免的必然。

自唐高祖李淵稱帝到朱溫篡唐，將近三百年。簡單分成兩部分，前一半是大唐盛世，天下太平，四夷賓服；後一半則藩鎮跋扈，朝廷幾無威信可言。前後的分水嶺是唐玄宗的

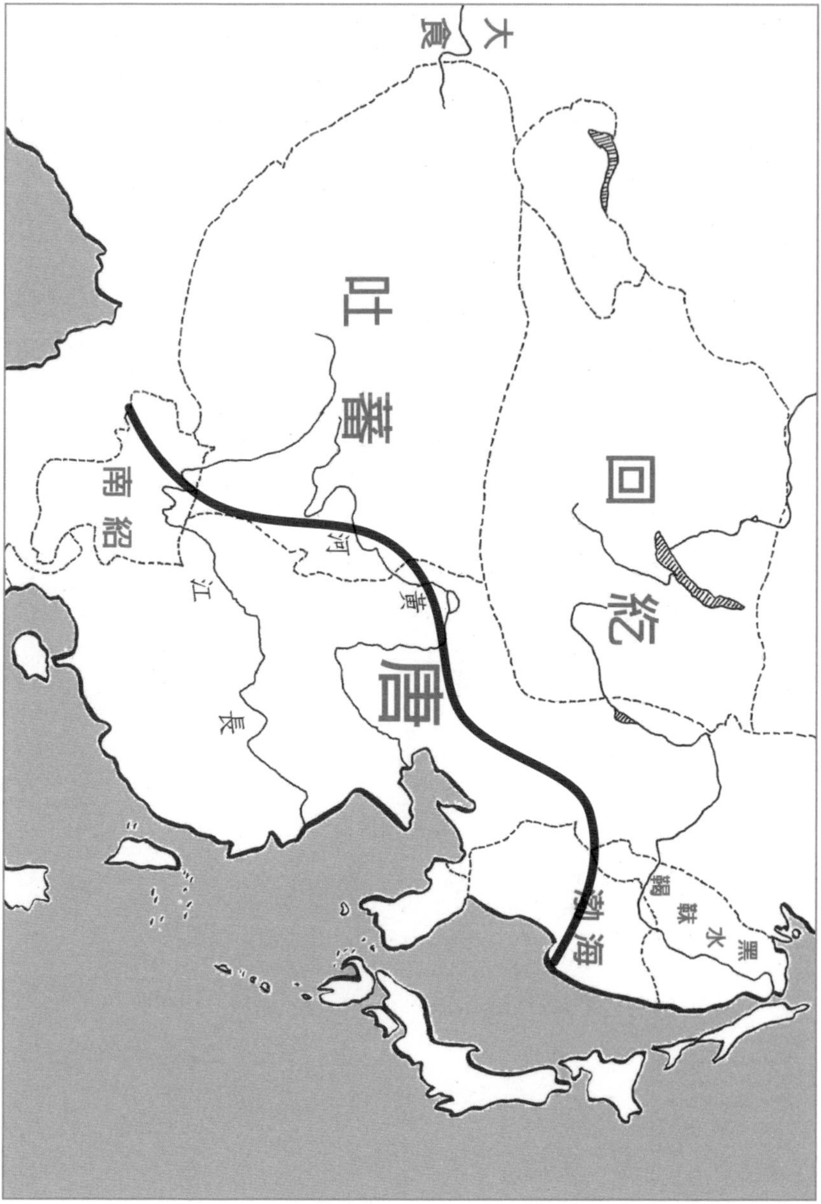
大食
吐蕃
回紇
南詔
唐
渤海
黑水靺鞨
黃河
長江

兩個年號：開元與天寶，前者是巔峰，後者轉趨向下，而轉捩點是安史之亂。這本書的涵蓋期間，大致就是大唐帝國由盛轉衰的那一段，前後約一百多年。

隋唐廢除九品中正，開始以科舉取士。那意味著寒門士子可以通過考試求取仕進，因而唐朝的文學活力旺盛，唐詩之盛放毋庸待言，唐人傳奇更開啟了後世小說家的門扉。然而，那些才華洋溢的文學之士，懷抱盛世理想，卻處在動盪年代，周旋於軍閥、權臣、朋黨，乃至宦官之間，隨時局而浮沉。他們的心境如何？

我自二〇一四年開始，決定致力於鼓吹「五度空間學習」，也就是說故事一定包括地理（第三度空間）、歷史（第四度空間），並特別強調人物心境（第五度空間）。本書順著歷史的進行，帶進文學家的故事，同時揣摩他們在當下的心境。

「風」是詩歌的代詞，書中引述文學家的詩文，印證當時的時局變化；「風」又有「諷」的意思，書中對當時人物與政治的褒貶，也相當投射於現今時局。

公孫策
二〇一六年春

第一篇

安史之亂

「李杜文章在，光焰萬丈長」

唐朝留給中國人的，除了「天可汗」的驕傲之外，就是文學上的璀璨遺產——唐詩。最著名的詩人當數詩仙李白與詩聖杜甫，他倆的生平則剛好見證了大唐帝國由極盛而急降：出生於開元盛世，拜盛世之賜，得以遊歷四方，並且交遊廣闊，見聞廣博。但是又經歷一場大亂，造成他倆的顛沛流離，而那些顛沛過程，也豐富了他們的作品，這是王維、高適等人的「幸與不幸」。

「文起八代之衰」的韓愈對李白、杜甫的詩推崇備至，有「李杜文章在，光焰萬丈長」、「少陵無人謫仙死」等名句。（李白被稱為「謫仙」，杜甫自號「少陵野老」）

透過詩仙與詩聖的作品，感受文學家在變局中各個階段的心境，絕對有助於我們感受當時的實際情況。

1、開元盛世——雄心日千里

大唐帝國的兩個盛世：唐太宗貞觀之治與唐玄宗開元之治。這兩個治世中間，是一代女皇武則天的時代。武則天事實上很能幹，甚至稱得上英明，在她治下的大唐帝國持續繁榮強大，完全不是男性儒家筆下的「黑暗時代」。（武則天後來篡位，國號「周」，可是「武周」只有十五年，仍歸在唐史中）

西元七〇五年，宰相張柬之發動政變，迫武則天退位，禪位太子也就是唐中宗李顯。那一年，在西域經商致富的李客，全家遷回中國，住在劍南綿州（今四川綿陽市），他有個五歲的兒子，就是後來的詩仙李白。

唐中宗李顯當太子畏懼老媽武則天，當上皇帝畏懼老婆韋皇后。韋皇后一心效法武則天，跟武則天的秘書上官婉兒、自己的女兒安樂公主、安樂公主的公公武三思（武則天的姪兒）聯手，排除張柬之等大臣，並殺害太子李重俊，接著毒死中宗，在發喪前立溫王李重茂為太子，隨即繼位。如此安排，想當然將由韋后掌權稱制，大唐眼看又要出現一位女皇帝。

於是爆發了又一次宮廷政變，相王李旦的兒子李隆基跟太平公主（武則天的女兒）聯手，殺了韋后與安樂公主、上官婉兒。李旦成為唐睿宗，李隆基成為太子。

可是太平公主也以武則天為模範，陰謀廢太子。李隆基得到大臣與軍方支持，先逼使老爹傳位給他（成為唐玄宗），隨即下手除去太平公主和她的黨羽，結束了五十多年的女權時代。

那是西元七一二年的事情，那一年，河南鞏縣（今河南鄭州市）的杜家出生一男，就是後來的詩聖杜甫。

李白、杜甫就在開元盛世下長大。開元盛世有多安定繁榮？正史記載「東都斗米十三錢，海內安富，行者雖萬里，不持寸兵」，物價平穩、經濟繁榮、社會治安良好，老百姓要求的不過如此。

李白的家世始終是個謎，父親李客雖是巨富，卻高臥雲村，不求祿仕。李白的文才那麼高，卻始終沒有參加過考試，於是有人推斷，李客是齊王李元吉的後代。李元吉是唐太宗的弟弟，在玄武門兵變中被殺，李白是罪人之後，因此不敢求仕進。

然而，李白一生的志向卻是當「帝王師」，他十八歲時，跟隨一位異人趙蕤學王霸之道、縱橫之術。

【原典精華】

撫劍夜吟嘯，雄心日千里。
誓欲斬鯨鯢，澄清洛陽水。
六合灑霖雨，萬物無凋枯。

——摘錄《唐詩三百首．李白．贈張相鎬》

懷抱帝王師之志，卻不能參加科舉，那能怎辦？辦法之一，是交遊干謁。干謁就是推銷自己，前詩就是李白向宰相張鎬表白心志。要交遊干謁，當然不能窩在蜀地，於是李白出三峽，前往長江中、下游遊歷、交友。

過了幾年，杜甫長大了，也離開河南，前往山西遊歷，之後又轉往江南。可是那時李白已前往邠州、坊州（都在今陝西），兩個後來生死相交的大詩人，那一次卻錯身而過。

杜甫二十四歲那一年，回洛陽參加科舉，沒考上。李白那一年隨一位朋友元演去并州（今山西太原市），一個偶然的機會，李白救了一個青年軍官的命，而這個機緣後來卻救了李白的命，此乃後話，暫且不表。

總之，李白與杜甫（其他同時代的文人也一樣）在開元盛世那些年，在全國四處遊歷，交了很多朋友，詩名也漸漸傳開。

可是，他倆的好日子很快就沒了。因為，唐玄宗改了年號，開元改為天寶。

2、張九齡——今我遊冥冥

改個年號有那麼嚴重嗎？當然不是。關鍵是唐玄宗當皇帝的心態變了，嚴重的則是，他換掉了賢相張九齡，換上了奸相李林甫。

唐玄宗開元之治最倚重二位賢相姚崇與宋璟，之後的繼任者張說也很優秀。張九齡年輕時，因為直言上諫，不為姚崇所喜，一度外放嶺南。等到姚崇去世，張說擔大任，張說對張九齡非常器重，一路拉拔，可是張說去世後，張九齡又被外放。直到第三度入京，終於得到唐玄宗的賞識，詔命他為宰相。以後每有人推薦人才，玄宗常常問一句：「品德、操守、度量能夠像張九齡嗎？」

明君配賢相是中國古代的「盛世指標」。例如貞觀之治是唐太宗搭配房玄齡、杜如晦，開元之治則是唐玄宗搭配姚崇、宋璟、張說、張九齡。問題在於，唐玄宗當皇帝當「膩」了，開始追求音樂、戲劇等逸樂生活，於是給了佞臣機會。

這個佞臣，就是一代奸相李林甫，人稱「口有蜜，腹有劍」，用現代語言就是「當面說好話，背後下毒手」。他跟唐玄宗的寵妃武惠妃聯手排擠張九齡，致其下台並外放荊州。

古時候的士人處於官場，有一句名言「雷霆雨露，俱是聖恩」，意思是，皇帝怎麼對待臣子都是對的，臣子不但都得接受，還得表示感恩。下面這首詩，就是張九齡被外放，還要表示感謝皇帝知遇之恩，而所有的錯都是「小人」所為。

【原典精華】

孤鴻海上來，池潢不敢顧。
側見雙翠鳥，巢在三珠樹。
矯矯珍木巔，得無金丸懼？
美服患人指，高明逼神惡；
今我遊冥冥，弋者何所慕。

——摘錄《唐詩三百首・張九齡・感遇》

張九齡這首詩，以「海上孤鴻」比喻自己，謹慎小心。可是那兩隻「翠鳥」（暗示李林甫及其爪牙牛仙客）卻能在「三珠樹」（暗示朝廷）上築巢。最後，張九齡自忖鬥不過李林甫，君子易退難進，決定退隱山林，脫離是非圈。

不久，唐玄宗改年號為「天寶」，大致上這就是大唐帝國由盛轉衰的開始。也就是說，大唐人民的好日子就要結束了。當然，包括李白和杜甫。

3、李林甫重用蕃將——天子非常賜顏色

李林甫排擠張九齡之後，更誣陷殺害另一位宰相李適之，以及文人名士李邕。拉拔他的爪牙牛仙客為副相，方便他把持朝政。如此作風當然使得李林甫樹敵很多，因此他更努力排擠可能威脅他地位的人，包括各鎮節度使。

唐朝建國時期的兵制，沿襲北周與隋，實行府兵制。貞觀之後，國家承平，大舉用兵機會比起南北朝與隋朝大為減少，府兵成為內地州縣龐大開支。

開元之後，有計畫的逐漸廢除府兵制，最終完全改用募兵，京師長安置「彍騎」十二萬人衛戍，沿邊則設立十「鎮」，司令官稱「節度使」（其中一鎮稱「經略使」）。十鎮總兵力四十八萬多人，相對京師衛戍部隊，呈現「外重內輕」。

正因為外鎮兵力超過京師，所以雖然唐太宗「天可汗」時代，唐軍用了不少胡人「蕃將」，但各鎮節度使仍用漢人，並多以朝廷重臣「出將」。

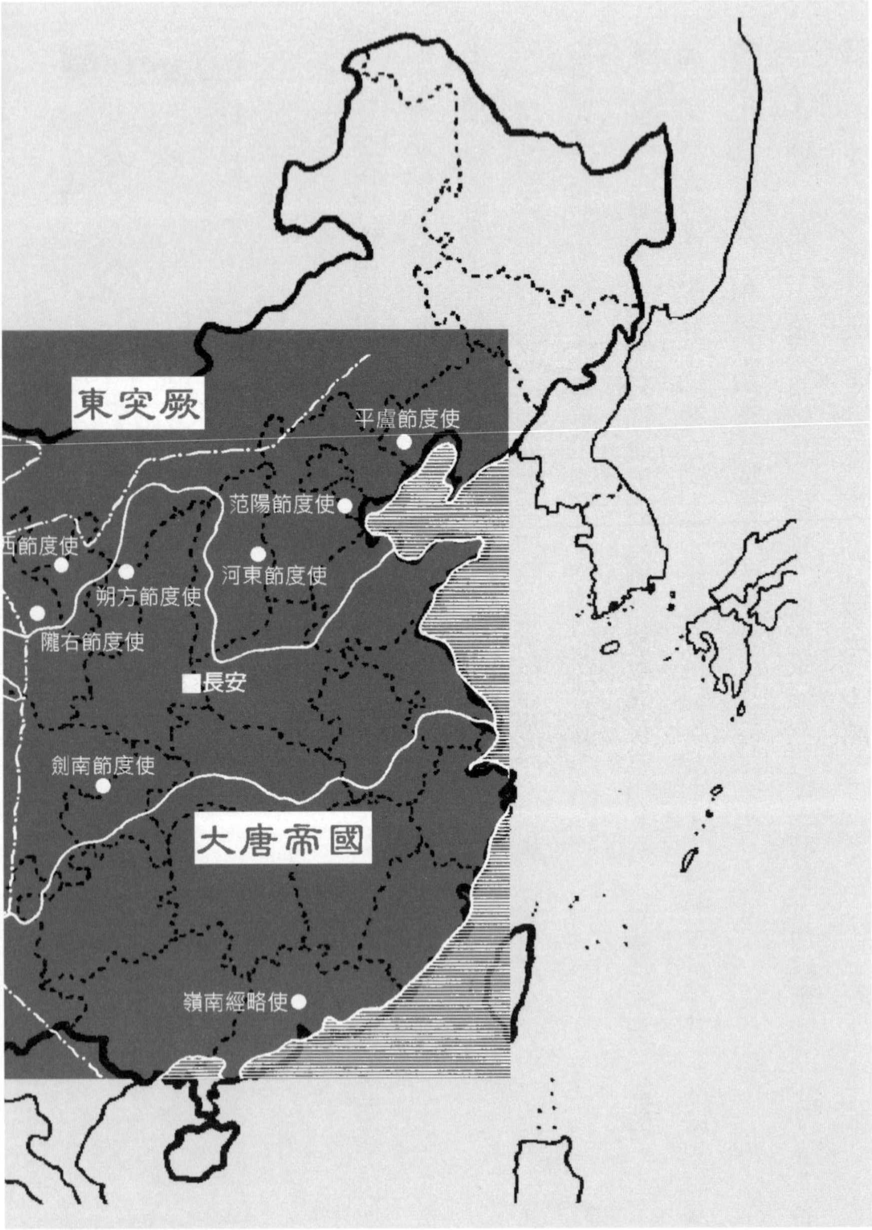

唐朝初期九節度使及一經略使

3、李林甫重用蕃將——天子非常賜顏色

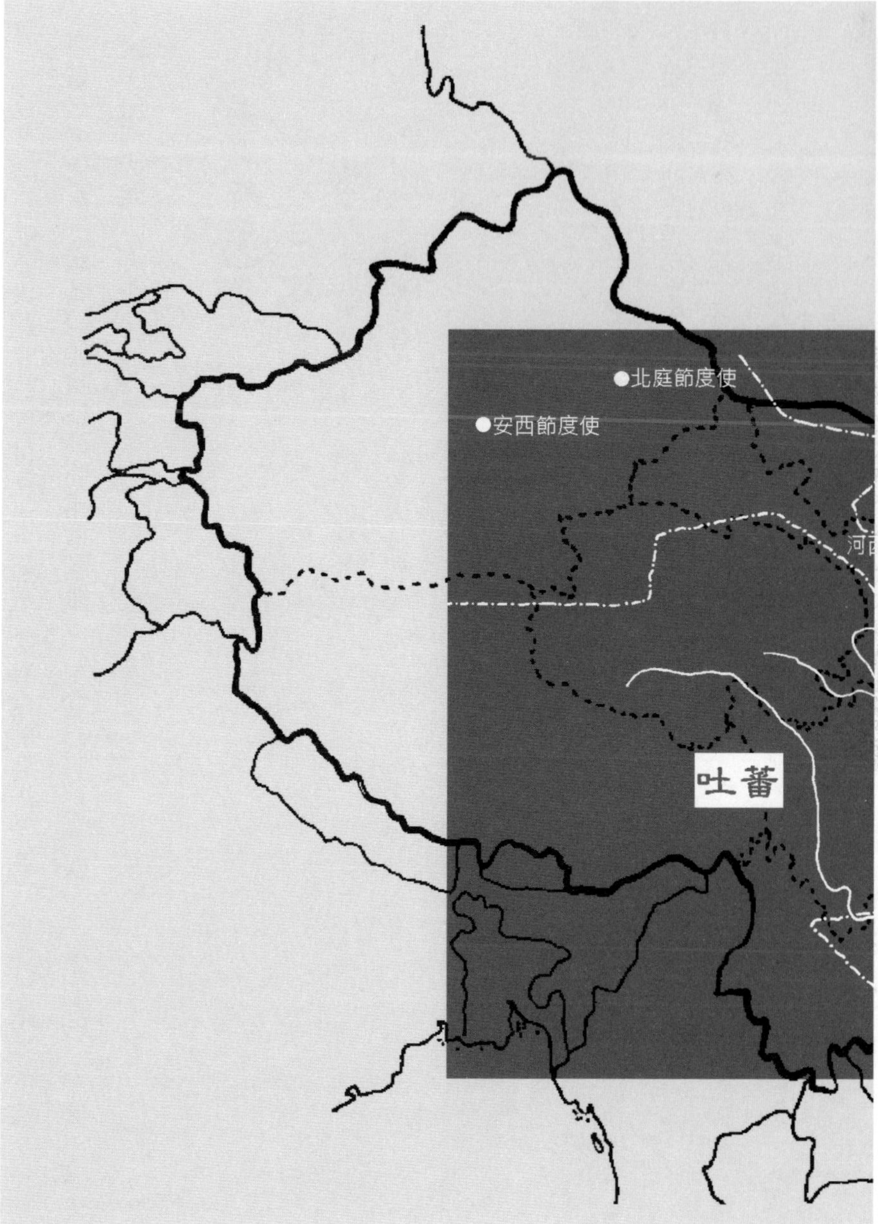

這些有可能「入相」的節度使，乃成為李林甫的背上芒刺，於是他奏請玄宗，以蕃將為節度使。一來蕃將確實比漢將勇敢善戰，二來蕃將易於駕馭，最重要的，蕃將不諳漢文，雖任大將，亦不可能「入相」。

【原典精華】

漢家煙塵在東北，漢將辭家破殘賊。
男兒本自重橫行，天子非常賜顏色。
……

——摘錄《唐詩三百首．高適．燕歌行》

劈頭四句就點出：大唐帝國的戰爭都是「攘外」，不是保鄉衛家，國人視當兵出征為苦事，因而朝廷用蕃將為節度使。

這首詩的作者高適，曾經北上幽燕（今河北北部、遼寧南部），希望加入征討奚、契丹行列未果。後來幽州節度使張守珪派蕃將安祿山討伐奚、契丹，「祿山恃勇輕進，為虜所敗」，高適對那一次與後來一次的戰事失利頗有感觸，於是作了這首詩。

四年後，唐玄宗將年號由「開元」改為「天寶」的那一年，安祿山被任命為平盧節度使，治所在營州（今遼寧朝陽市）。也就是說，前述吃了敗仗的蕃將，卻頭一個被賜以「非常顏色」。

4、白手還山——天子呼來不上船

安祿山封為節度使的同年，李白奉旨入京。一心想當「帝王師」的李白，以為「鴻鵠將至」，可以發揮所學了。哪知道，唐玄宗找他到長安，只是要他作歌詞而已。

唐玄宗李隆基很有音樂天分，在宮中建立「梨園」，歌舞團編制多達三百人，樂隊演奏有錯誤，皇帝會親自「糾正」。他還會作曲，「霓裳羽衣曲」就是唐玄宗作的。

唐玄宗就是唐明皇，相傳道士葉法善以法術引明皇遊月宮，聽聞天女奏樂，「以指扣脈」暗中記下，下界後立即譜成「霓裳羽衣曲」。這雖是傳說，但唐玄宗在位已久，對政事倦怠，更熱中於音樂與道教。由此可見，開元與天寶的「交接」，其實是唐玄宗心境上發生大轉變的一個點。後來的歷史發展，更證明了，那是大唐帝國由盛而衰的「拐點」。

那個時間點上，還有一件重要的事情：楊貴妃入宮。楊貴妃不但人長得漂亮，「資質手豔」，而且「通音律，善歌舞」。唐玄宗經常帶著她，去驪山的溫泉宮（後來更名華清宮）泡湯——隨行侍從當中，就有李白。

李白當不成帝王師，心情鬱悶，縱情飲酒。然而，唐玄宗對音樂太入迷了，每次譜了新曲，不管白天晚上，總是迫不及待地宣召李白入宮，為新曲寫歌詞。當然，李白即使喝「茫」了，皇帝宣召，也不能不入宮，因此難免失態。偏偏唐玄宗一點也不介意，於是有「龍巾拭吐，御手調羹，力士脫靴，貴妃捧硯」的故事流傳。

「力士脫靴」指的是宦官高力士。高力士是唐玄宗誅除太平公主行動的功臣，親信非常，玄宗讓他掌握禁軍，權勢通天。可是在內宮，皇帝召來李白，李白醉得一塌糊塗，不脫靴子就寫不出歌詞來，怎麼辦？不可能是皇帝幫他脫，也不能叫貴妃脫，殿中沒有第五個人，那只有高力士啦！

高力士當然對此懷恨在心，可是皇帝正寵著李白，只能在貴妃處進讒。諷刺的是，李白被讒言見縫插針的「縫」，卻是他最受稱讚的作品之一。

【原典精華】

雲想衣裳花想容，春風拂檻露華濃。

若非群玉山頭見，會向瑤臺月下逢。
一枝紅豔露凝香，雲雨巫山枉斷腸。
借問漢宮誰得似，可憐飛燕倚新妝。
名花傾國兩相歡，長得君王帶笑看。
解釋春風無限恨，沉香亭北倚闌干。

——〈李白．清平調三首〉

這三首都是稱讚楊貴妃的，尤其是第二首：漢宮中有哪位美女可比擬呢？恐怕只有趙飛燕剛化完粧的時候吧！那是稱讚楊貴妃麗質天生，不靠化妝品，可是小人的嘴就是那麼可怕，高力士對楊貴妃說：「李白是在諷刺妳太胖了！」

趙飛燕體態輕盈，「能做掌中舞」，後人形容美女如雲的常用成語「燕瘦環肥」，意謂各擅勝場。可是當下楊貴妃聽進了高力士的讒言，就在唐玄宗枕邊「下藥」。結果，詩人當然不敵貴妃，李白只好「出京還山」了。

李白出了長安，到了洛陽，在那裡結識了杜甫，這是相差十一歲的詩仙、詩聖初次見面。當時還有高適等詩人一同唱和，杜甫對這些前輩的酒量印象深刻，作了〈飲中八仙歌〉，描繪八位酒仙的醉態，其中對李白的描寫既傳神又體會其心：

【原典精華】

李白斗酒詩百篇，長安市上酒家眠。
天子呼來不上船，自稱臣是酒中仙。

——摘錄〈杜甫・飲中八仙歌〉

線上影音

掃描QR Code
聽公孫策說書

那兩年，李、杜兩人唱酬不斷，引為莫逆。然而，他倆經常見面也就是那兩年，之後就沒再見過面。原因呢？是天下從此亂了，戰亂使得他們天各一方，只能魚雁往返。

5、野無遺賢
——騎驢十三載，旅食京華春

天下的亂源，當然是指安祿山。李白出京那一年，安祿山又兼領范陽節度使，治所在幽州（今北京市西南的薊縣），勢力範圍大了一倍，且更接近中原。

天寶初年，大唐帝國還頗有開元盛世的餘緒，全國人口突破了五千萬，人口增加，但米價反跌，「青齊間（今山東一帶）斗才三錢」。對外，王忠嗣大破吐蕃，又破吐谷渾；哥舒翰在青海湖畔築城，稱「神威軍」，吐蕃畏懼他，甚至不敢接近青海。

【原典精華】

北斗七星高，哥舒夜帶刀。
至今窺牧馬，不敢過臨洮。

臨洮在今天甘肅蘭州市南邊，西與寧夏回族自治區相接，古稱狄道，是絲路重要門戶，也一直是漢回民族交接之地。

總之，國內外情勢一片大好，唐玄宗完全放心將政事交給李林甫，而李林甫也更進一步弄權。

杜甫三十四歲那一年，玄宗下詔舉行一次全國性的招賢考試，「天下士有一藝者，皆得詣京師就選」，於是杜甫滿懷希望奔向長安。他一向自視甚高，從他的詩句「讀書破萬卷，下筆如有神」可以看出。可是，那一次他卻落榜了，而且就此流落長安，藉著詩名在京師各個豪門當清客，說得好聽是宴會上的嘉賓，實質是現場賦詩，以娛那些富貴嘉賓，他的詩中因此出現「騎驢十三載，旅食京華春。朝扣富兒門，暮隨肥馬塵」等詩句。

事實上，那一次考試是場騙局，所有應試者全部落第。結果公布後，李林甫進宮向唐玄宗道賀：「恭喜陛下，野無遺賢。」而唐玄宗竟然也相信了！

李林甫為何如此？因為在此之前，他看到一個才華洋溢的詩人李白，得到唐玄宗如是寵信，好在李白個性放蕩，不懂權術，兩三下就被高力士排擠出長安。如今玄宗又要甄試有才藝的士子，他當然不能冒險讓任何人危及他的地位，於是隻手遮天，錄取「0人」！

同時，李林甫進一步拉攏安祿山，讓他又兼了一個「河北採訪使」。採訪使不是軍職，是監察系統，有考核州郡的權力，刺史、太守都得賄賂他，於是安祿山的勢力伸入整個河北。接著李林甫又奏請玄宗派安祿山兼河東節度使，治所在山西太原，而且還封他「東平郡王」——以范陽為大本營，安祿山的地盤已含括今天遼寧、河北、山東、熱河、山西。任何人坐擁半壁江山，都會想造反，安祿山自然不例外，於是秣馬厲兵，積極準備。

安祿山準備充分了，可是遲遲不敢發動。為什麼？因為他「畏憚」李林甫。

李林甫之所以能夠隻手遮天，除了深獲唐玄宗信任之外，他對待百官下屬，有一套獨特的御下之術。由他對付安祿山的手段，可以窺其一二。

當時大臣中權力僅次於李林甫的是王鉷，位居御史大夫、京兆尹，兼領的頭銜有二十餘個。某日，李林甫揀一個安祿山在的場合，叫人召喚王鉷來議事。王鉷到了，對李林甫「趨拜甚謹」，安祿山見狀，乃對李林甫敬畏有加。而李林甫每次跟安祿山說話，總是能夠猜中安祿山心裡所想，並且先將之道破，令安祿山為之「驚膽」。因此，安祿山只怕李林甫一個，而且怕得要命，即使是隆冬季節，只要跟李林甫說完話後，總是汗濕沾衣。這時候，李林甫會帶安祿山到宰相辦公廳（中書廳），親自解下身上的披袍，覆在安祿山身上。然後，安祿山便將心裡的話一五一十都說給李林甫聽。

安祿山在范陽派一名專差劉駱谷駐在長安，每次劉駱谷回范陽述職，安祿山一定問：「十郎（安祿山對李林甫的暱稱）說什麼？」如果是稱讚，就歡喜非常；如果說「轉告安大夫，要自我檢點一下」，安祿山就上身後仰，反手按住椅邊，說：「啊，我死了，死了！」（這句話用台語念，尤其傳神）

【原典精華】

（安祿山）既歸范陽，劉駱谷每自長安來，必問：「十郎何言？」得美言則喜，或但云「語①安大夫須好檢校②」，輒反手據床③曰：「噫嘻④，我死矣！」

——《山海經．海內經》

①語：對……說。
②檢校：檢討、收斂。
③床：古人坐處稱「床」，睡處稱「榻」。
④噫嘻：感嘆聲，猶言「哎呀」。

李白那一年人在幽州，那是范陽節度使的治所，也是安祿山大本營，他學的是帝王術、縱橫學，當然看得出安祿山勢必造反。因此，當他登上幽州台，在台上忍不住痛哭。

李白為什麼哭？因為在比他更早之前，盛唐詩人陳子昂有一首著名的詩：

【原典精華】

前不見古人，後不見來者。
念天地之悠悠，獨愴然而涕下。

——《唐詩三百首・陳子昂・登幽州台歌》

陳子昂又為什麼愴然涕下呢？

這幽州台相傳是戰國時期燕昭王建的黃金台，招攬天下英雄，其中一位是樂毅，率五國聯軍，攻下齊國七十餘城，報先前滅國之仇。

陳子昂是在武則天當政時期隨武攸宜遠征營州（今遼寧），可是當時他的獻策不被採納，結果武攸宜兵敗退回幽州。

陳子昂登上幽州台，想起黃金台的故事，想到今世已經沒有像燕昭王那樣會招納英雄的英主，自己縱有滿腔抱負，也只能徒呼負負。所以，「前不見古人，後不見來者」，獨自愴然。

李白登上了幽州台，想到陳子昂，想到安祿山正是「營州胡」，若當年陳子昂能一展抱負，或許就沒有如今安祿山之患了。又因自己也有滿腔抱負，卻沒有施展的舞台，只能痛哭抒懷——李白連寫詩都不敢，因為那裡是安祿山的大本營，處處眼線。

此時，他能夠做的，只有離開幽州避禍——這步棋走對了，因為大禍即將降臨。

6、范陽兵變——漁陽鼙鼓動地來

朝綱是被李林甫給搞壞的，可是大難發生的近因，卻是李林甫死了。

之前，唐玄宗幹皇帝幹累了，一度想要將朝政交給李林甫，自己只當個虛位元首，跟楊貴妃「在天願作比翼鳥，在地願為連理枝」。他把這個意思跟高力士說了，高力士連忙勸阻，才讓他打消此意。

然而，李林甫說是奸臣，總還是權術高手，至少安祿山對他至為忌憚。李林甫一死，接替的是楊國忠，情況於是大變。

楊國忠本名楊釗，他是楊貴妃的堂兄，靠著裙帶關係一路升到宰相。李林甫當然忌諱他，始終予以打壓。李林甫一死，他就發動鬥爭，誣告李林甫「勾結外藩謀反」，藉此清除李林甫黨羽。

「外藩」當然是影射安祿山，因此讓安祿山產生了危機意識。

安祿山原本就瞧不起楊國忠，楊國忠沒有李林甫的御下之術，拿安祿山沒辦法，只好拉攏哥舒翰。

他上奏任命哥舒翰為河西節度使，取代安祿山的族兄安思順，並封哥舒翰為西平郡王——安祿山是東平郡王。楊國忠的以蕃制蕃策略，意圖再明顯不過。

楊國忠在玄宗面前一再下藥「安祿山必反」，說：「陛下召見他，試試看，他一定不來。」

玄宗依言召見安祿山。

安祿山長期以來買通朝中宦官，因此情報靈通，早就準備好了，接旨立即啟程，馬不停蹄地到了長安。

玄宗在華清宮召見安祿山（不在朝會場合，以示私寵），安祿山向皇帝泣訴：「我是一個胡人，陛下對我如此恩寵，所以被楊國忠視為眼中釘，我只怕死期不遠了。」

玄宗被安祿山的淚水打動，比以前更加親信，差點要加他同平章事頭銜（宰相級），楊國忠急忙勸諫，說：「那傢伙他不識字，豈可當宰相。」

安祿山辭別時，唐玄宗脫下身上御衣賞賜他。安祿山既驚又喜，喜的是「黃袍加身」，怕的是楊國忠可能會奏請將他留在長安，急忙快馬馳驅出函谷關。

出關後上船，順黃河之流東下。過了洛陽，就進入他的勢力範圍，船在河中行，岸邊每十五里派一名船夫，帶著繩子和木板，隨時可以登岸。如此晝夜兼行，數百里不下船，一直回到范陽。

經此一來，安祿山乃鐵了心，非造反不可。他上奏「以蕃將三十二人代替漢將」，玄宗指示中書令立刻草擬詔書。

宰相之一的韋見素極力勸諫。

玄宗問他：「你懷疑安祿山嗎？」

韋見素涕泗以陳（一把眼淚、一把鼻涕的訴說）安祿山種種造反跡象。

玄宗說：「這一次暫且准他，我以後會注意。」

於是唐玄宗派宦官輔璆琳送柑子去范陽，說是勞軍，真正目的是「觀其變」。安祿山當然也明白，對輔璆琳大加賄賂，回奏「安祿山並無造反意圖」。

楊國忠等不死心，繼續不斷進言「安祿山必反」。

楊國忠並對玄宗獻策：「詔封安祿山同平章事，另外任命三位節度使接管他的地盤。他若來京，沒事；若不來，就證明他想造反。」

這是天下第一餿主意，若安祿山不想造反，邊防易將茲事體大，豈可率爾為之；若安祿山確實想要造反，此舉豈不是逼他發動？而一旦安祿山起兵，朝廷有沒有預先擬妥對策？事實證明，楊國忠有小心機，可是不懂權術，更毫無謀略，他逼反了安祿山，卻無能對付叛軍。

唐玄宗當時並沒有採納楊國忠這個餿主意，他又派了一個宦官馮神威去范陽，傳話給安祿山：「我最近為你在華清宮修建了一池溫泉，請你在十月來長安，我將在華清宮招待你。」

馮神威到了范陽，安祿山對這位宣詔特使完全沒有敬意，坐在位子上不起身，只說：「皇帝身體還好嗎？」然後將馮神威送到別館軟禁，好幾天後才放他回京。

馮神威回到長安，向皇帝泣訴：「臣幾乎不得再見到皇上。」

而馮神威才上路，安祿山便召集諸將宣布：「皇上有密旨，命令我帶軍隊入朝，聲討楊國忠。」動員兵馬十五萬，號稱二十萬大軍，殺向長安。

「聲討楊國忠」是有力的政治號召，因為唐玄宗寵愛楊貴妃，「三千寵愛在一身」，甚至「從此君王不早朝」，楊氏「姊妹兄弟皆列土」（姊妹都封國夫人，兄弟封侯）。上有好者，下必有甚焉，人民看在眼裡，「遂令天下父母心，不重生男重生女」。（以上引號內詩句，皆出自白居易〈長恨歌〉）

人心厭惡楊國忠兄妹，政治號召發酵，加上「百姓累世不識兵革」，因此安祿山大軍勢如破竹，「所過州縣，望風瓦解，守令（郡太守與縣令）或開門出迎，或棄城竄匿，或為所擒戮，無敢拒之者」。

安祿山起兵的消息傳到長安，玄宗召集所有宰相會商。這時，楊國忠洋洋得意的說：「我早就說了嘛，安祿山一定造反，看吧！」接著說：「別擔心，只有安祿山一個人想造反，將士都是被裹脅的。不必十天半個月，他的首級就會送到長安。」

大臣們相顧失色，只有唐玄宗認為這番分析有理。

皇帝和宰相自我感覺良好，可是老百姓反而看得很清楚，詩人的反應更是敏銳。杜甫自落第後，並未離開長安。李白在幽州台痛哭的那一年，杜甫看見徵兵出征的場面，寫了一首詩：

【原典精華】

車轔轔，馬蕭蕭，行人弓箭各在腰。

爺娘妻子走相送，塵埃不見咸陽橋。
牽衣頓足攔道哭，哭聲直上干雲霄。
……
去時里正與裹頭，歸來頭白還戍邊。
邊庭流血成海水，武皇開邊意未已。
君不聞漢家山東二百州，千村萬落生荊杞。
縱有健婦把鋤犁，禾生隴畝無東西。
……
縣官急索租，租稅從何出。
信知生男惡，反是生女好。
生女猶得嫁比鄰，生男埋沒隨百草。
君不見青海頭，古來白骨無人收。
新鬼煩冤舊鬼哭，天陰雨濕聲啾啾。

——節錄《唐詩三百首‧杜甫‧兵車行》

原來天可汗的盛世功業是建築在「千村萬落生荊杞」上頭。役男「去時里正與裹頭」，戰事結束「歸來頭白還戍邊」。而天下父母「不重生男重生女」的另一個解釋，卻是「生女猶得嫁比鄰，生男埋沒隨百草」。

安祿山大軍一路打來，猶如摧枯拉朽，跟老百姓厭惡政府不恤人命，其實大有關係。

7、雙城忠烈——睢陽齒，常山舌

安祿山席捲黃河以北，官軍望風披靡，只有兩個地方遇到頑強抵抗，一個是睢陽（今河南商丘），一個是常山（今河北石家莊市）。兩個地方都留下了可歌可泣的戰史，並成為文天祥〈正氣歌〉中的兩句：

為張睢陽齒，為顏常山舌。

先說「睢陽齒」。

張巡是真源（今河南鹿邑）縣令，安祿山叛變，太守投降，他號召義軍拒賊，有勝有負，最後率眾退到睢陽，與太守許遠一同率眾抵抗。

叛軍大將令狐潮久圍睢陽不下。

睢陽城中缺糧又缺箭。張巡在城頭看見賊軍糧船抵達，使出聲東擊西之計，利用夜間在城南發動突襲，令狐潮急調主力人馬對抗。張巡另外派出精銳勇士，沿著河岸奔襲運糧船，取得鹽米千斛，並縱火焚燒剩糧。

經此一役，令狐潮下令，全軍在夜間不得擅離防區。

一晚，圍城賊軍報告「城上縋下數千人」，令狐潮下令放箭，久之，卻不見動靜。等到賊軍不再放箭，城上才將「蒿人」（草紮的假人）收還，得到十萬支箭。這個故事，正是《三國演義》「孔明草船借箭」的藍本——《三國演義》作者羅貫中是明朝人，而《三國志》並未記載諸葛亮草船借箭的故事，羅貫中顯然是從唐朝張巡這段「草人借箭」的史實得到靈感。

張巡、許遠死守睢陽十個月，以不到一萬人的軍隊，牽制賊軍十萬人，使得安史之亂未能蔓及江淮地區。後來安慶緒弒父，自立為大燕皇帝，更視睢陽為眼中釘，命大將尹子奇繼續圍攻睢陽。

睢陽城裡可以吃的都吃完了，將士每日配米一合（十合為一升），夾雜茶紙、樹皮煮食，羅掘俱窮（鳥、鼠都捕盡），連馬鞍、弓弦都烹來吃。士兵因飢餓而戰鬥力不足，以致射箭都射不準。

張巡派勇將南霽雲突出重圍，向河南節度使賀蘭進明求救兵。沒想到賀蘭進明嫉妒張巡、許遠的聲威、功績在他之上，不肯出師；卻見南霽雲勇壯，想要收為己用，乃強留南霽雲宴飲。

南霽雲慨然說：「我出來的時候，睢陽城內已經一個多月沒東西吃。我雖然想吃，卻不忍心；即使吃了，也咽不下去。」拔出配刀，當場斬斷一根手指，鮮血淋漓，四座為之驚嚇，甚至為他落淚。

南霽雲見賀蘭進明毫無出兵的意思，就上馬馳去。將出城門時，抽箭朝城中佛塔射去，箭矢沒入磚中半截，誓言：「這一去，若能擊退賊兵，一定要回來殺賀蘭進明，以此箭為誓。」馳回睢陽，衝破包圍進城，與城共存亡。

睢陽城最後終於陷落，張巡、許遠、南霽雲等都被俘。賊將尹子奇得意地問張巡：「聽說你每次作戰，總是激動得目眥皆裂，甚至咬碎牙齒，幹嘛那麼激動啊？」

張巡怒火方丈，怒聲道：「我只恨不能吞噬你們這群賊子！」

尹子奇聞言惱羞成怒，用刀敲開張巡的嘴巴，只見牙齒真的只剩兩、三顆，不由得心生敬意，有意留張巡一條命。可是其他將領反對，認為留張巡在軍中「可能有嚴重後果」，尹子奇只得將張巡與南霽雲等睢陽守將全部斬首。

將要行刑之前，尹子奇勸南霽雲投降。南霽雲稍稍遲疑了一下。張巡對他喊話：「南八（南霽雲排行第八），男子漢死就死，不可以屈服於不義。」南霽雲笑笑說：「原本有念頭，想要有所為（詐降徐圖後事），大人既然這麼說，我豈敢不死？」於是不屈而死。

【原典精華】

（賀蘭進明強留南霽雲宴飲）霽雲慷慨語曰：「雲來時，睢陽之人不食月餘日矣。雲雖欲獨食，義不忍！雖食，且不下咽！」因拔所佩刀斷一指，血淋漓，以示賀蘭。一座大驚，皆感激，為雲泣下。

……

（尹子奇）將斬之，又降霽雲，雲未應，巡呼雲曰：「南八，男兒死耳，不可為不義屈。」雲笑曰：「欲將以有為也；公有言，雲敢不死？」即不屈。

——《古文觀止・韓愈・張中丞傳後敘》

再說「常山舌」。

常山太守顏杲卿原本是范陽戶曹參軍，是安祿山的部下，安祿山一力拉拔他，升遷為常山太守。范陽兵變發動，常山城內只有數百兵丁，顏杲卿與長史袁履謙商議，此時登城拒賊，無異以卵擊石，反而會殃及百姓，於是開城投降。安祿山一面賞賜顏杲卿，卻同時將他的兒子顏季明扣為人質，隨軍西進。

安祿山大軍走後，顏杲卿故意稱病不出，將郡政府一切事務交給袁履謙，私下聯絡族弟平原（今山東德州）太守顏真卿及太原（今山西太原）府尹王承業，共謀平叛。

安祿山派高邈回范陽搬兵，顏杲卿設計在藁城（常山境內）將高邈擒下，同時誘殺另一名賊將李欽，然後與顏真卿等一同起兵，截斷叛軍後路。

義幟一舉，河北諸郡紛紛響應，二十三郡當中，除了叛軍重兵把守的六郡之外，其餘十七郡都重新撐起大唐旗幟。

安祿山聽說河北生變，大軍折返洛陽，命將領史思明、蔡希德率軍攻擊常山。

顏杲卿起兵才八天，防禦工事尚未完備，賊軍已兵臨城下，於是緊急向王承業求援。

孰料，王承業因搶先向長安朝廷報告起義功勞，私心希望常山陷落，借賊兵之手，殺顏杲卿滅口，遂拒不出兵。

顏杲卿獨力守常山，苦戰六日，糧食吃完，箭石用盡。城陷，賊軍大肆屠殺一萬餘人，生擒顏杲卿與袁履謙。

顏杲卿被押解到洛陽，安祿山質問他：「我將你從一個小小的戶曹，沒幾年拉拔到太守，你為什麼反叛我？」

顏杲卿瞪大眼睛回罵：「你原本不過是營州牧羊奴，天子擢升你身兼三鎮節度使，恩寵無人可比，你又為何反叛？如今是你背叛大唐，我為國討賊，只恨不能斬你。你這發臭的羯狗，為何不趕快殺我！」

安祿山暴跳如雷，下令將顏杲卿綁在洛陽天津橋柱上，施以剮刑，更生啖他的肉。顏杲卿在極度疼痛之下，仍罵不絕口。

安祿山命人割斷他的舌頭，說：「怎樣？還能罵嗎？」

顏杲卿滿口血水，含糊不清，仍罵不絕口，直到斷氣。

張巡和顏杲卿在淪陷區獨力抗敵，都因為友軍將領（賀蘭進明、王承業）為爭奪功勞而不予救援，卒至慘死。可是在大唐反攻還都之後，那些逃命回到長安的官員，居然還有人上奏：「張巡當時為何不撤退，以致害了百姓性命。」

這樣子的政府，想當然擋不住安祿山，是吧！

8、潼關失陷 ——朱門酒肉臭，路有凍死骨

叛軍一天天迫近，朝廷打出兩張王牌：高仙芝與封常清。

高仙芝是高句麗人，對吐蕃（今青海、西藏）的征戰功績彪炳；封常清是高仙芝旗下大將，當時任安西節度使（轄區在天山南麓塔里木盆地）。玄宗派封常清去洛陽，開武庫，募兵抵抗叛軍。再派高仙芝統合關中所有兵馬，共五萬人向西接應封常清。

封常清在洛陽募兵六萬人，但全都是「白徒」（不曾受過軍訓的平民），先守虎牢關（在今河南滎陽市西北），被攻破。封常清集合餘眾，進行數次反撲，皆敗，退到陝郡（今河南與陝西交界），與高仙芝會合。

他對高仙芝說：「我連日血戰，但賊兵銳不可當，建議將兵力集中守潼關。」潼關是防守關中最後一處險要，高仙芝對封常清的能力很清楚，相信那絕非怯懦之言，於是採納建議，堅守潼關。

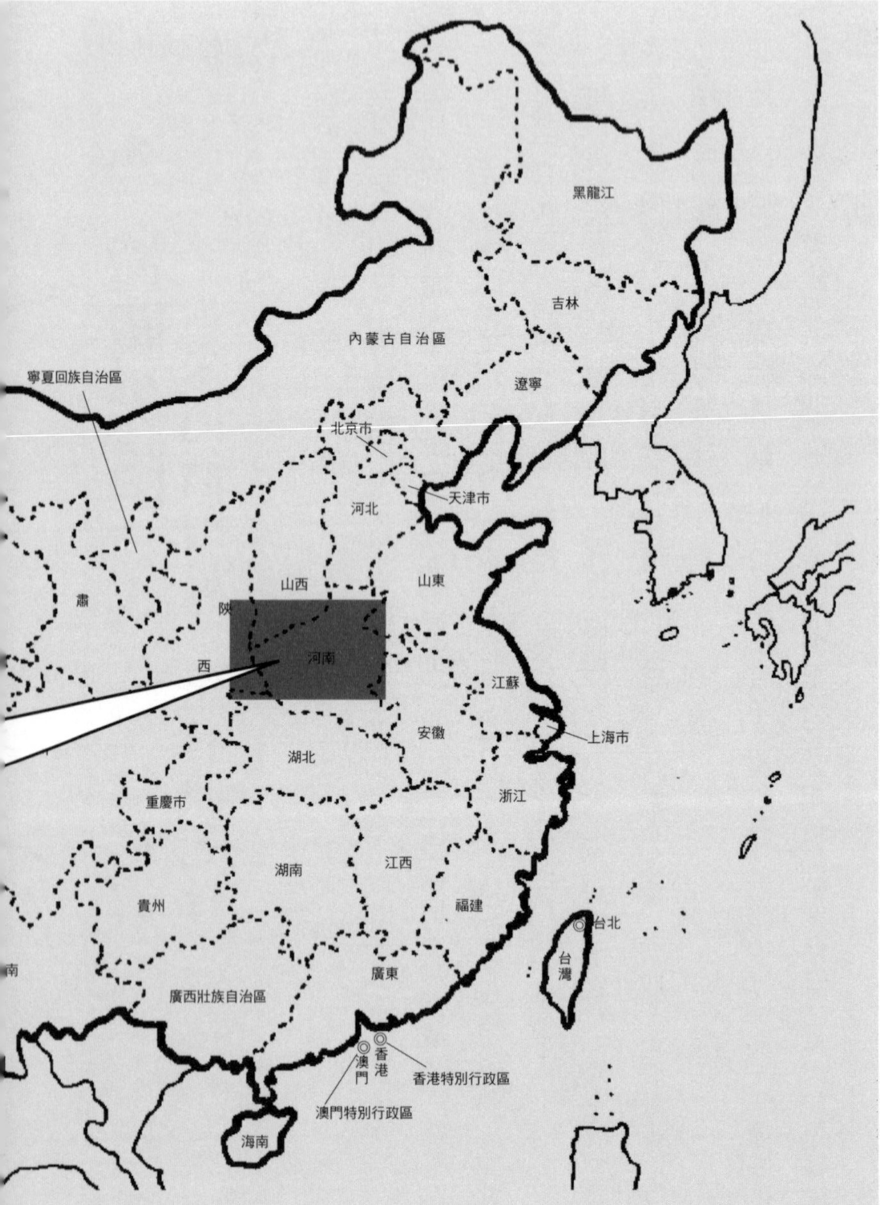
黑龍江
吉林
內蒙古自治區
寧夏回族自治區
遼寧
北京市
天津市
河北
山西
山東
陝
西
河南
江蘇
上海市
安徽
湖北
重慶市
浙江
湖南
江西
貴州
福建
台北
台灣
廣東
南
廣西壯族自治區
澳門
香港
香港特別行政區
澳門特別行政區
海南

安祿山西進勢如破竹

8、潼關失陷 ——朱門酒肉臭，路有凍死骨

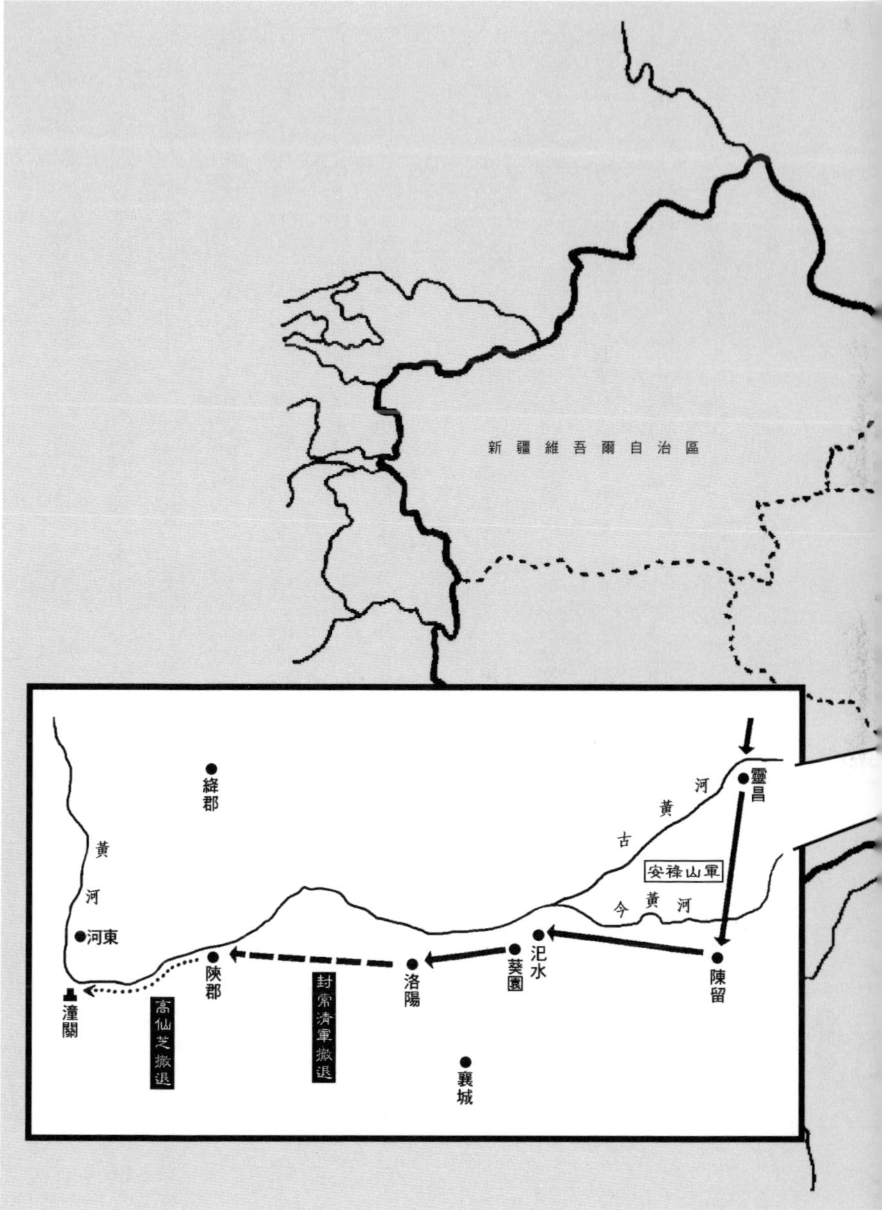

玄宗派高仙芝統領關中全部軍隊時，同時也派了一位宦官邊令誠監軍。邊令誠多次向高仙芝需索，都遭到拒絕。

軍隊退守潼關之後，邊令誠回長安奏事，遂向玄宗告狀：「封常清兵敗怯戰，高仙芝不戰而退，『棄地數百里』，還剋扣軍士糧餉，飽入私囊。」玄宗大怒，派邊令誠再去潼關，宣詔，由高仙芝下令，斬封常清。

斬了封常清，高仙芝回到廳上，邊令誠對他說：「皇帝另有恩命給大夫。」高仙芝下跪接旨，「恩詔」卻是斬高仙芝！

軍中士卒為高仙芝喊冤，「其聲震地」，可是邊令誠怎麼可能讓高仙芝活命，遂當場斬了。

斬了兩名大將，仍得有人去守潼關才行。玄宗這時想到了哥舒翰，可是哥舒翰已經因病在家休養好一陣子，一再推辭徵召，玄宗不答應。最後，哥舒翰應召入宮，在朝廷上拜為天下兵馬副元帥（元帥由太子李亨掛名），調動北方、西方的邊防軍到長安，共八萬人，再加上潼關原有軍隊，號稱二十萬，駐守潼關。

然而，哥舒翰事實上病得不輕，潼關的軍政大小事都交給行軍司馬田良丘。田良丘本職是御史中丞，根本不懂軍事，只好將騎兵交給王思禮，步兵交給李承光，而王思禮跟李承光又不合。潼關守軍內部紛亂，全靠哥舒翰的個人威名支撐，好在潼關是天險，因此安祿山大軍仍被擋在關外。

安祿山此時已經自稱大燕皇帝。起義軍首領一旦稱帝，原本圍在身邊的老兄弟就得站在下面喊萬歲，而皇帝將自己孤立起來，周圍只剩下馬屁精。然後開始追求物質享受，無心征戰。

安祿山面對的就是這種狀況。

大軍被阻於潼關之下，後方兩根芒刺——常山與睢陽，只拔掉了常山。唐朝的朔方軍郭子儀與李光弼，循北方長城一線攻擊「漁陽路」，也就是叛軍的補給線與回家之路。漁陽路時斷時續，消息一天好一天壞，大燕軍隊人心思家，眾心惶惶。

大燕皇帝安祿山正動念想撤兵回范陽，過他的皇帝癮，卻在此時，唐朝內部發生了巨變。

安祿山以「誅除楊國忠」為政治號召起兵，事實上頗得人心認同，因為楊氏一門驕縱奢淫，關中人民看在眼裡，莫不切齒。如此人心，由杜甫一首詩可以得見。

那一年稍早，杜甫終於等到一張任官令：河南縣尉，一個九品芝麻官，是縣衙負責治安的官吏。杜甫不願屈就一名地方小吏，辭官不就。

復經好友幫忙活動，調率府參軍，雖然還是九品，但總算是京官，不必跑腿操勞。

杜甫上任不滿一個月，就請假到奉先（今陝西蒲城縣）探望老婆兒子，家貧又值歲末天寒，幼子竟然因營養不良夭折。椎心之痛，寫了一首五百字長詩，中間對楊氏奢侈引起的民怨，描述盡致：

【原典精華】

……

多士盈朝廷，仁者宜戰慄。
況聞內金盤，盡在衛霍室。
中堂有神仙，煙霧蒙玉質。
煖客貂鼠裘，悲管逐清瑟。
勸客駝蹄羹，霜橙壓香橘。
朱門酒肉臭，路有凍死骨。
榮枯咫尺異，惆悵難再述。

……

——摘錄〈杜甫．自京赴奉先縣詠懷五百字〉

詩中的「衛霍」，是借漢武帝時，衛青、霍去病皆以皇后衛子夫的親戚為大司馬，影射楊貴妃和她的兄弟姊妹。此詩以「朱門酒肉臭，路有凍死骨」傳頌後世，而「榮枯咫尺異」一句，更令人直接感受到，那股因貧富懸殊惹起的民怨。

這股民怨也瀰漫在軍中，因此王思禮建議哥舒翰「上表請誅楊國忠」，以提振士氣，化解叛軍口實。可是哥舒翰沒同意。

在長安朝廷上，也有人對楊國忠說：「如今朝廷重兵盡在哥舒翰手中，如果他調轉矛頭，大人豈不是危險了！」

楊國忠怕了，奏請皇帝，派一個將軍杜乾運，招募一萬軍隊屯駐灞上（長安城郊的制高點，當年劉邦入關曾駐軍該處）。這個舉動讓哥舒翰起了疑心，上表「請將灞上軍隸屬潼關」，未獲朝廷回應。

哥舒翰於是認定，那是楊國忠用來算計他的軍隊，乃找了個題目，將杜乾運請到潼關開軍事會議。杜乾運去到潼關，就被哥舒翰殺了。

這下子，楊國忠更怕了，三天兩頭上奏，要皇帝催促哥舒翰開關出戰。哥舒翰上奏說：「當前最佳戰略是堅守潼關，然後攻擊賊兵後方補給線」。郭子儀也上奏，提出相同戰略見解。

可是楊國忠可不容許哥舒翰不出戰，接連不斷的派出宦官傳旨，催促哥舒翰出兵。長安到潼關路上，使者項背相望（一個接一個前往，後面那人可以看見前面那人的後腦袋）。哥舒翰頂不住壓力，撫膺慟哭，引兵開關出戰，結果中了安祿山的埋伏，大敗。軍隊退回潼關，只剩八千人。

蕃將火拔歸仁等，帶了一百多名騎兵，將哥舒翰團團圍住，說：「二十萬大軍只剩八千，大人沒看到高仙芝和封常清的下場嗎？」於是劫持哥舒翰，投降安祿山。安祿山留哥舒翰一命，叫他寫信招降郭子儀、李光弼等唐將，卻斬了火拔歸仁，因為他「叛主不忠不義」。

潼關敗兵奔回長安，起初還不曉得哥舒翰被俘，潼關已經失守。直到當天晚上，潼關沒有燃起「平安火」註，唐玄宗這才緊張了。

註：長安與潼關之間視線無阻隔，關上每晚燃火肉眼可見，以此表示平安，稱為「平安火」。

9、馬嵬兵變——六軍不發無奈何，婉轉娥眉馬前死

唐玄宗召集所有宰相（當時有六名）緊急會商，大夥面面相覷。

楊國忠身為首席宰相，不能沒有主張，因本身兼劍南節度使（治所在今四川成都），乃提出「幸蜀」（逃往四川）之議。現場沒有其他意見，因為另外五名宰相早就習慣楊國忠說了算。

於是玄宗決定幸蜀。

隔天上午，楊國忠在朝堂召集百官，一個個「惶懼流涕」。問大家有何策略？卻都「唯唯不對」。

於是楊國忠宣布「皇上幸蜀」的決定。

再隔天，皇帝朝會，百官來參加的卻「十無一二」——皇帝要去四川，官員的家眷、產業都在關中，八成以上不願去。可是叛軍已經破了潼關，於是官員先逃為上。

唐玄宗親上勤政樓，宣布要御駕親征，可是長安老百姓沒人信他。事實上，那正是皇家逃難的假動作。

但假戲也得演得像真的，於是玄宗當天移駕北宮，也就是禁軍駐地，命陳玄禮指揮大軍，厚賜錢帛，挑選好馬、精兵。次日黎明，皇帝、貴妃、貴妃的姊妹，後宮其他嬪妃及皇子皇孫，由禁軍護衛；願意追隨的官員跟著隊伍出城。看見這個隊伍的老百姓，也不相信「御駕出征」會是這副模樣！

隊伍經過「左藏」（國家倉庫），楊國忠主張放火燒了，「以免留給賊兵」。玄宗面容戚然，說：「賊兵來，若沒得吃、沒得搶，老百姓會更慘。留著吧！」

當天早上，百官還有準備入朝者，到了宮門前，衛士立仗儼然。可是，時辰一到，宮門一開，宮女、太監紛紛逃出，這下子消息才傳開。

長安城內的王公士民四出逃難，可是城外的老百姓卻爭著進城。幹啥？入宮搶掠！亂民甚至「騎驢上殿」，而左藏的糧食、金寶被亂民搶劫一空，起了一把無名火給燒了——輪不到賊兵來搶。

這些景象，唐玄宗和楊國忠是看不到了。御駕隊伍起初還有個樣子，路過各郡縣還供應糧食。然而，消息比御駕快，漸漸的，所到縣城也沒人接駕了，因為縣令、縣吏，甚至縣民都跑了。繼之，隨駕的官員也跑了。大隊人馬找到地方睡覺，沒有燈火、相互枕藉，「貴賤無以復辨」。

於是，護駕軍隊開始流傳怨言。

走到馬嵬驛（今陝西興平市西邊），將士又餓又累，攔住楊國忠的馬，有人喊：「楊國忠謀反！」有人用箭射中他的馬鞍。

楊國忠調轉馬頭逃避，被亂軍追上，當場被分屍，腦袋戳在槍尖上，立於驛門外。亂兵無法控制，楊國忠的兒子楊暄、兩個妹妹都被殺。

御史大夫魏方進喝斥亂兵，也被殺。

宰相韋見素聞聲出來看，被打破腦袋，血流滿地，幸得侍衛搶救，回到屋內。

玄宗聽到外頭人聲喧譁，問什麼事。

左右回答：「楊國忠造反，已經被殺。」

玄宗心裡明白是怎麼回事，就叫高力士去問陳玄禮，要怎樣才能平息眾怒。

陳玄禮對高力士說：「楊國忠謀反，貴妃不宜再侍奉皇上，希望陛下『割恩正法』。」

高力士據實回奏，唐玄宗說：「朕知道了，我會自己處理。」

玄宗拄著枴杖站起來，走到門口，俯首站立良久，顯然內心掙扎難決。

一位近臣韋諤上前，說：「如今眾怒難犯，安危在頃刻之間，請陛下速決。」跪在地上叩頭，血流滿地。

玄宗對高力士說：「貴妃一向都在深宮，怎會知道楊國忠謀反呢？」

高力士回答：「貴妃雖然無罪，可是將士已經殺了楊國忠，如果貴妃仍然隨侍陛下左右，他們怎能安心呢？請陛下想清楚，只要將士心安，陛下也就安了。」

於是，玄宗叫高力士帶楊貴妃到驛站的佛堂，在那裡將楊貴妃縊殺，再將屍體移到驛站的庭院中，召陳玄禮等將領進來「驗明正身」。

【原典精華】

玄禮對曰：「國忠謀反，貴妃不宜供奉，願陛下割恩正法。」上曰：「朕當自處之。」入門，倚杖傾首而立。

久之，京兆司錄韋諤前言曰：「今眾怒難犯，安危在晷刻，願陛下速決！」因叩頭流血。上曰：「貴妃常居深宮，安知國忠反謀？」

高力士曰：「貴妃誠無罪，然將士已殺國忠，而貴妃在陛下左右，豈敢自安！願陛下審思之，將士安則陛下安矣。」

上乃命力士引貴妃於佛堂，縊殺之。輿尸寘驛庭，召玄禮等入視之。

——《資治通鑑・唐紀三十四》

將領們見了屍體，一個個解除甲冑，下跪叩頭謝罪。

唐玄宗慰勉一番之後，叫他們去對軍隊說明。軍隊這才願意繼續前進。

皇帝要走了，父老擋住道路請願：「陛下捨棄宮殿、陵寢要去哪兒呢？」

玄宗聞言，在馬上沉思良久，最後叫太子李亨留在後面，宣慰父老。

父老見狀，乃對太子說：「皇帝既然不肯留下，如果殿下也入蜀，中原百姓要以誰為王？」

群眾愈聚愈多，達數千人。太子李亨不肯答應留下，李亨的兒子李倓與李亨的親信太監李輔國拉住轡繩苦諫：

「如果殿下隨皇上入蜀，賊兵只要放把火，燒了棧道，中原可就拱手讓給賊寇了。不如往西北，收攏邊防軍隊，召集郭子儀、李光弼，向東反攻，克復兩京（長安與洛陽）。到時候再迎回皇上，這才是大忠大孝啊！何必區區溫情，作小兒女態呢？」

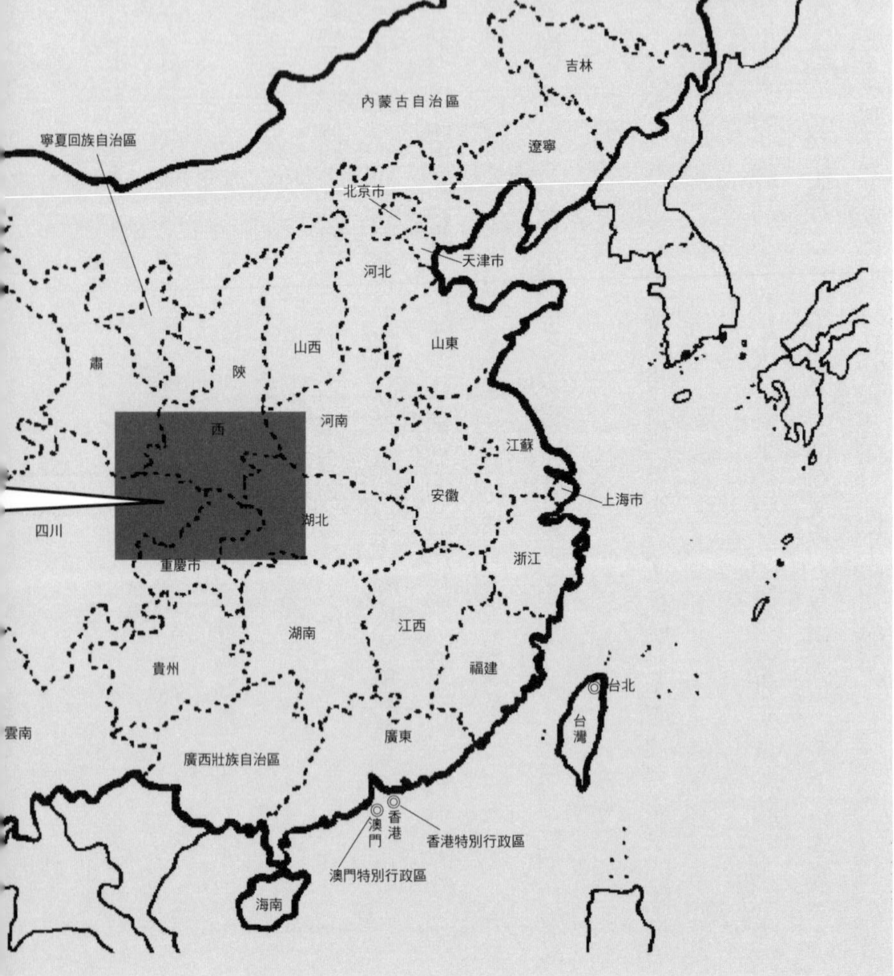
黑龍江
吉林
內蒙古自治區
寧夏回族自治區
遼寧
北京市
天津市
河北
山西
山東
肅
陝
西
河南
江蘇
安徽
上海市
四川
湖北
重慶市
浙江
湖南
江西
貴州
福建
台北
台灣
雲南
廣東
廣西壯族自治區
香港
澳門
香港特別行政區
澳門特別行政區
海南

唐玄宗入蜀

9、馬嵬兵變——六軍不發無奈何，婉轉娥眉馬前死

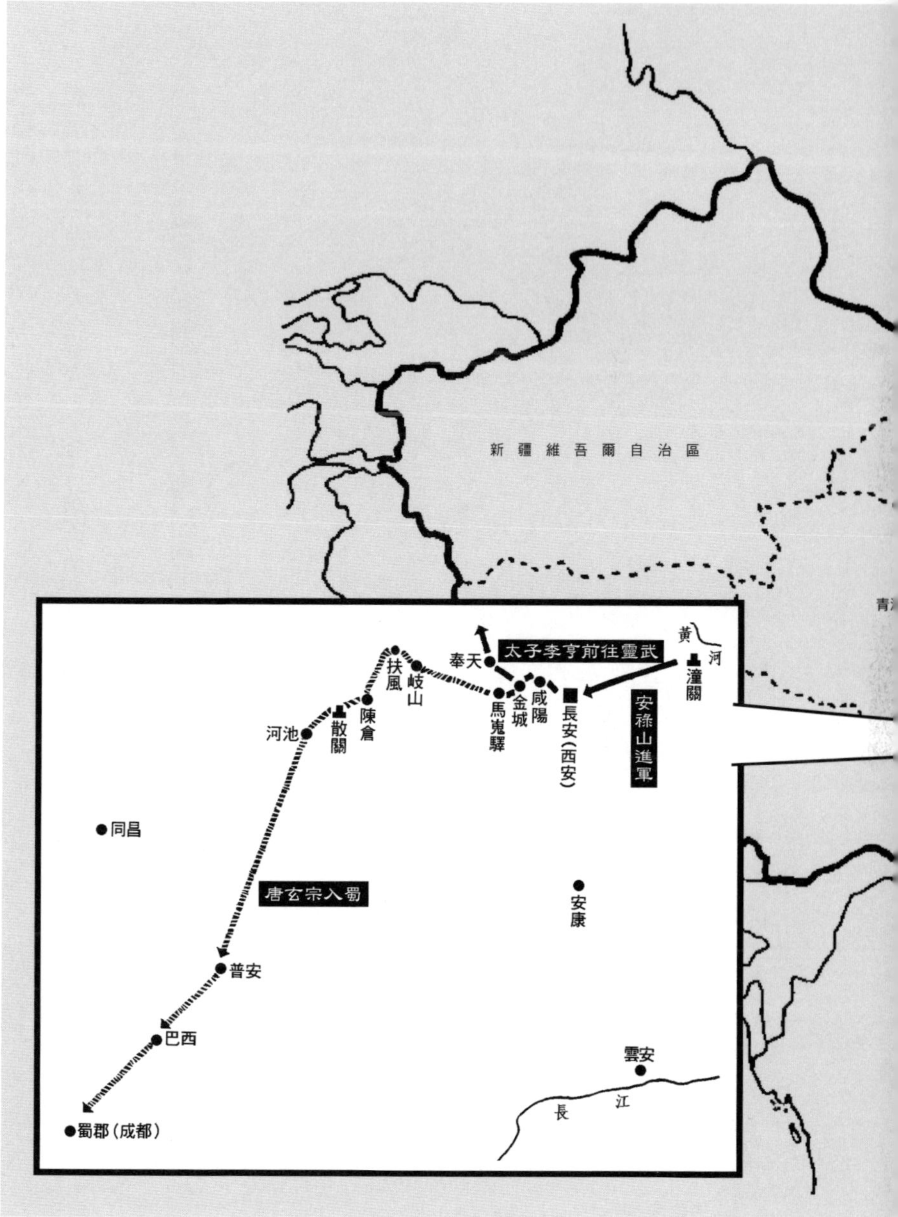

李亨拗不過，派人向唐玄宗報告。

玄宗說：「這是天命！」下令分撥二千軍隊給太子，諭令太子：「你好好幹，不必以我為念。」

於是皇帝繼續前往四川，太子轉向西北，去到靈武（今寧夏回族自治區靈武市）。

10、太子即位
——烽火連三月，家書抵萬金

玄宗奔蜀，一路風聲鶴唳，草木皆兵，直奔到劍閣（今四川劍閣縣）才喘一口氣。

劍閣是關中入蜀最險峻之處，三國時諸葛亮的繼承人姜維，只要守住劍閣，司馬懿就只能望關興嘆。唐玄宗到了劍閣，才定下心來，發出詔書，派四個皇子分四路展開反攻。但是他不知道，太子李亨已經在靈武即位稱帝，是為唐肅宗。

靈武是朔方節度使治所，糧草、兵器充足。李亨集合西北邊塞駐軍，撫輯關中流散來的敗兵，聯絡在北路作戰的郭子儀、李光弼，期能齊一戰略，展開反攻，目標是規復兩京。

追隨太子的官員都主張他即位稱帝，可是李亨始終不同意。

御史中丞裴冕為他分析利害：「官兵將士都是關中人，日夜想著回家。他們之所以不辭跋涉辛苦，追隨殿下來到這個沙漠邊塞，只不過希望建立一點功勞。如果不及時凝聚人心，一旦四散瓦解，就絕無可能再次集結。請殿下為國家著想，接受大家的擁護。」

裴冕這番話說得婉轉，直白地說就是：李亨稱帝，隨行不論文武，才有名目全面升官，升了官才會產生「凝聚力」（官大了就不捨得放棄，官小則不足惜）。而李亨最怕就是軍隊散去，終於同意稱帝，並尊稱老爹李隆基為「上皇天帝」。

郭子儀、李光弼各率軍五萬人、兩萬五千人到靈武會合，擬訂由太原（今山西太原市）出井陘（太行山的險要隘口），切斷漁陽路的大戰略。

新皇帝詔書到達淪陷區，平原（今山東德州市）太守顏真卿（前文「常山舌」顏杲卿的族弟）派出密探，假扮商旅，將詔書封在蜜蠟丸中，分送到河北、山東各郡縣（路上若遇賊兵，就將蠟丸丟在道旁或草中，回頭再來撿）。新皇帝即位的消息，大大激勵了淪陷區的人心，各地紛紛打起大唐旗號。顏真卿在一個月之內，聯絡到了三十萬起義軍，襲擾叛軍後方。

唐玄宗安全抵達四川，唐肅宗安全抵達靈武，顏真卿在佔領區大肆活動，以上都因為安祿山在長安縱酒享樂。

最初攻下長安時，安祿山並未想到唐玄宗的動作會那麼快。心想，長安已無險可守，指日可下。在此之前，由於戰爭一度陷入膠著，軍心不穩，於是在潼關整頓軍隊十天，之後才開進長安，長安已經陷入無政府狀態六天。

安祿山下令，搜捕百官、太監、宮女等，一批批押往洛陽。那些王侯將相官員隨玄宗入蜀的，他們留在長安的家眷一律誅殺，連嬰孩也不放過；那些失寵於玄宗的官員，則都當了宰相、卿大夫。

但是這個「賊政府」毫無功能，因為軍隊完全不受約束，四出劫掠，每日縱酒，浸淫聲色，沒有人想要追擊「李唐餘孽」。如此情況下，最慘的當然是沒跑掉的官員。

杜甫只是一個小官，他一度加入了向北逃亡的難民隊伍，還與家人走失，到了鄜州（今陝西富縣）。

【原典精華】

今夜鄜州月，閨中只獨看。
遙憐小兒女，未解憶長安。
香霧雲鬟濕，清輝玉臂寒。
何時倚虛幌，雙照淚痕乾。

——《唐詩三百首・杜甫・月夜》

這首詩原本出於自己月夜思家的心情，寫出來卻是家人思我之情，而這就是杜甫，他永遠想到別人比想自己多。

在鄜州聽到唐肅宗已於靈武即位的消息，杜甫便欲取道延州（今陝西延安市），投奔流亡政府，但卻在途中被叛軍抓到，押回長安。

途中杜甫邂逅一個落難王孫，他寫下：

【原典精華】

……

腰下寶玦青珊瑚，可憐王孫泣路隅。

問之不肯道姓名，但道困苦乞為奴。

已經百日竄荊棘，身上無有完肌膚。

高帝子孫盡隆準，龍種自與常人殊。

豺狼在邑龍在野，王孫善保千金軀。

……

——節錄《唐詩三百首．杜甫．哀王孫》

再一次，杜甫自己「泥菩薩過江」，卻仍關心他人比自己多。

困居長安的次年，杜甫寫出了他最膾炙人口的作品之一：

【原典精華】

國破山河在，城春草木深。
感時花濺淚，恨別鳥驚心。
烽火連三月，家書抵萬金。
白頭搔更短，渾欲不勝簪。

——《唐詩三百首．杜甫．春望》

杜甫被稱為「詩聖」，又稱為「詩史」，這三首詩就是典型。他歷經安史之亂前後，作品數量既多，質量又好，以詩人的感性詳細地記錄了時代。

〈春望〉是杜甫春天的心情。

那一年夏天五月，杜甫逃出了長安，到了靈武，拜見唐肅宗，被任命為左拾遺，職等只有八品，但因為是諫官，可以參加廷議，也可以上書言事（直達天聽啊！）。

這時候的靈武政府，也有了一番氣象。

11、李泌與房琯
——對棋陪謝傅，把劍覓徐君

唐肅宗的江山，軍事上依賴郭子儀和李光弼兩名大將撐持，但雖是流亡政府，仍需要文臣撐起朝廷的排場。文臣中，最重要的一位是李泌。

李泌少年時就以思路敏捷、才能幹練而聞名，唐玄宗命他與李亨交遊。李泌長大後，不時上疏對國事提出意見，玄宗有意給他個官做，李泌拒不接受。李亨當了太子，總是稱呼李泌為「先生」。

唐肅宗即位，派人去穎陽（今河南登封市）請李泌出山，李泌應召而至，李亨大喜。外出時並馬而行，回營時對床休息，如從前一般。事無大小都跟李泌商議，言聽計從。雖然李泌堅持不肯做官，但李亨卻時時做好準備。

有一次，李亨跟李泌一齊視察軍營，士卒們指指點點，私下說：「穿黃袍的是聖人，穿白衣的是山人。」

【原典精華】

上與泌出行軍，軍士指之竊曰：「衣黃者，聖人也；衣白者，山人也。」

——《通鑑紀事本末．安史之亂》

騎在馬上的君臣二人，都聽到了軍士的耳語。

李亨於是對李泌說：「時局艱難，不敢委屈你當官，但請你穿上紫袍（三品以上服制，同宰相級），以平息眾人議論。」

李泌聞言，只好換上紫袍謝恩。

李亨笑著說：「既然穿上了紫袍，豈可沒有官銜？」當場從懷中取出詔書，任命李泌為「侍謀軍國，元帥府行軍長史」。

李亨的「天下兵馬大元帥」是老爹玄宗任命的，雖然當了皇帝，皇宮裡仍設一個元帥府，指揮所有軍事。行軍長史相當於秘書長。副元帥有兩位：一位是郭子儀，領軍在外；一位是廣平王李俶（後來的唐代宗）。

李俶去宮中晉見皇帝時，李泌留守元帥府；李泌晉見皇帝時，李俶留守。當時軍情緊急，四方來的奏章，沒有一刻中斷。李泌和李俶輪值夜班，也沒有一刻空檔。遇到十萬火急文書，就重新加封，由宮門外透過常設的輪盤投進宮中，內侍會叫醒皇帝裁決。宮廷殿堂所有鑰匙符信，由李俶和李泌共同掌管。

流亡政府穩住陣腳，並向回紇（瀚海沙漠部族）、拔汗那（漢代稱大宛，今吉爾吉斯斯坦）借兵。李泌建議，先推進到彭原（今甘肅慶陽市），等待西北大軍集結完成，再向鳳翔推進。

李亨抵達順化（今甘肅張掖市），遇見了太上皇從成都派來的密使韋見素與房琯，他們帶來了唐玄宗的傳位詔書。

李亨很討厭韋見素，因為他是楊國忠一派，但是對房琯非常敬重。

房琯在開元時期擔任地方官，治績良好，縣民甚至為他建生祠，後來到中央擔任給事中，是高職等諫官，卻因為直言被楊國忠排擠。

唐玄宗逃出長安後，曾問高力士：「依你看，朝臣誰會跟來？誰不會來？」

高力士說：「張均、張垍父子受陛下恩最深，一定會來；房琯有名聲，可是陛下未予重用，恐怕不會來。」

玄宗當時說：「很難講。」結果，房琯趕上晉見玄宗，而張垍卻當了安祿山的宰相。房琯在成都位居宰相，到了順化，李亨將他留下，在新政府也擔任宰相。

房琯的主管業務包括門下省，而左拾遺是門下省屬官，於是杜甫成了房琯的下屬，且受到房琯的賞識。

然而，肅宗朝的臣子分清、濁二流。士人自命清高，排斥武人。房琯自命清流，大量推薦當時知名之士（包括杜甫），也得罪很多人，其中一位是賀蘭進明。前文述及他「不肯借兵給南霽雲」則是在此之後的事情。（為與「常山舌」一併敘述，而將故事提前）

賀蘭進明入朝晉見肅宗，肅宗命房琯發表賀蘭進明為嶺南節度使兼御史大夫，可是房琯卻發表他為「攝御史大夫」。攝，就是代理。事實上，賀蘭進明的主要職務是節度使，有地盤、有軍隊，在中央掛任何官銜都是虛銜，不具實質意義。可是房琯就是故意要貶低賀蘭進明，因而被賀蘭進明告狀，而且同時告了兩狀：

第一狀是告房琯挾私報怨，欺下瞞上。

第二狀則是告房琯「縱容門下賓客董庭蘭納賄」。

結果房琯罷相，貶任太子少師，又貶為邠州刺史（今陝西邠縣）。房琯在邠州治績卓著，名聲傳回朝廷，肅宗又召他回任刑部尚書，卻在路上病逝，追贈太尉。

房琯罷相時，杜甫上疏為他「辯護」，惹惱了唐肅宗，下詔嚴辦，幸賴宰相張鎬（清流領袖）為他開脫，才免受處分。杜甫為此心灰意冷，向朝廷請假回家探親，肅宗乾脆免了他的職。

杜甫後來路過房琯之墓，感懷這位老長官，寫了一首詩：

【原典精華】

他鄉復行役，駐馬別孤墳。
近淚無乾土，低空有斷雲。
對棋陪謝傅①，把劍覓徐君。
唯見林花落，鶯啼送客聞。

——《唐詩三百首．杜甫．別房太尉墓》

①謝傅：東晉太傅謝安在淝水之戰前，仍泰然下棋。杜甫以之比喻房琯在戰爭時擔任宰相。

【董夫子，通神明】

前文提及，房琯因為門下賓客董庭蘭收賄而垮台。董庭蘭又是何方神聖？

董庭蘭是當時長安城最紅的古琴（七弦）演奏家。那時西域音樂甚為流行，因而七弦琴鮮少有人演奏。董庭蘭起初以精於西域樂器篳篥（一種竹管豎笛）受到歡迎，但他致力鑽研古琴演奏技巧，只要聽說哪裡有人精於某一樂曲，總是不辭跋涉，前往請教。於是能夠兼百家之長，成為古琴演奏第一人。

詩人李頎有一首詩，描繪董庭蘭的琴藝，簡直出神入化：

【原典精華】

……

董夫子，通神明，深松竊聽來妖精。

言遲更速皆應手，將往復旋如有情。

……

幽音變調忽飄灑，長風吹林雨墮瓦。

迸泉颯颯飛木末，野鹿呦呦走堂下。

……

——節錄《唐詩三百首．李頎．聽董大彈胡笳弄兼寄語房給事》

「言遲更速皆應手，將往復旋如有情」，是說董庭蘭演奏時，節奏要慢要快都能得心應手，音樂流暢更能來去自如。「幽音變調忽飄灑，長風吹林雨墮瓦；迸泉颯颯飛木末，野鹿呦呦走堂下」，四句形容了七種不同的情境：幽靜、灑脫、雄厚、急遽、奔放、狂放、悠閒——董庭蘭的音樂能夠攫住聽眾的心緒，隨之喜、隨之怒、隨之急、隨之緩。

董庭蘭的琴藝高超，深獲房琯歡心，才得以「拿著雞毛當令箭」，也才有人會向他行賄——因此害得房琯垮台。

12、上皇回京——百官何日再朝天

杜甫一片丹心要報效朝廷，可是朝廷內卻爭權奪利、相互傾軋。前方郭子儀、李光弼尚稱順利，淪陷區包括顏真卿等反抗軍，相當程度的牽制了安祿山，這是靈武流亡政府的朝廷還有精神搞內鬥的環境條件。

如此外在因素甚至讓皇帝「自我感覺良好」。

唐肅宗記恨李林甫（當年差點廢了他的太子名銜），有一次與李泌談話，說一旦反攻打回長安，要將李林甫的屍骨從墳墓裡挖出來「焚骨揚灰」——戰情稍稍好轉，唐肅宗就以為勝利在望了！

李泌一聽不對，趕緊說：「陛下當前要務是安定天下，何必跟那枯骨計較？」

肅宗說：「這賊子當年想要加害於我，我當時的處境堪稱朝不保夕，能有今天，都是上天保全。你幹嘛幫他講話？」

李泌只好抬出唐玄宗。

「陛下明鑒。太上皇在位五十年，天下大治，如今一朝失意，避居巴蜀，南方地惡，太上皇年歲又高，聽說陛下報復李林甫，必定感到慚愧（安史之亂乃因玄宗寵信李林甫所致），萬一憂憤成疾，陛下豈不自責？」

話沒說完，李亨已經滿臉淚水，抱住李泌的頸子痛哭。

原來，李亨一向最孝順他老爸，連房琯等帶來的傳國玉璽與冊封詔書，都特別放在別殿供奉，日夜請安問候，如同兒子對老爸晨昏定省。李泌這一抬出玄宗，肅宗立刻就「聽話」了。

李林甫的墳墓要挖不挖，口上說來輕鬆。真要打回長安，卻沒那麼容易。事實上，除了郭子儀、李光弼，其他軍隊仍然不敵安祿山。

李亨不止一次問李泌：「敵勢如此強，什麼時候才得平定啊！」

李泌則答以：「以我的估計，不出兩年，天下就沒有賊寇了。」

李泌這番話當然是安慰之詞，但他並非阿諛小人，用好聽話搪塞皇帝。李泌發現，安祿山將關中擄掠所得，都送回范陽，顯示他並無長久據有關中的決心。首領如此心態，下面將領更為自己打算，時間久了，必定生變。李泌就在等他生變。

變局終於被他等到了：安祿山被兒子安慶緒弒殺。

安祿山自起兵以後，視力就逐漸減退，等進了長安城，過起大燕皇帝的癮，眼睛卻幾乎已經看不見了。大將都難得見到皇帝，有事必須透過親信嚴莊代轉，而安祿山本人變得脾氣暴躁，動不動就鞭打左右，連嚴莊有時都不免挨鞭子。

安祿山寵愛小老婆段氏，段氏生的兒子名叫安慶恩，她每天在枕頭邊，要安祿山立安慶恩為太子。這使得長子安慶緒日日處於恐懼情緒當中。

最後，安慶緒和嚴莊聯手，買通一名宦官李豬兒（李豬兒平常被鞭撻最多），刺殺安祿山。安祿山死前大呼：「一定是家賊！」他沒有錯，安慶緒與嚴莊當時手持兵器，守在安祿山帳外，不許任何人進入。

安祿山死後，安慶緒進入帳中，吩咐用毛氈將安祿山的屍體裹起，埋在床下，嚴禁左右洩露消息。第二天早晨，嚴莊對外宣布，皇帝（安祿山）病重，立安慶緒為太子。不多時，再宣布由安慶緒即帝位，尊安祿山為太上皇，然後發布喪訊。

安慶緒其實是個蠢蛋，個性怯懦，言詞無條理。嚴莊怕軍隊不服，就將安慶緒隔離起來，每天縱酒為樂，事無大小，皆取決於嚴莊。諸將也一個個加官進爵，只要他們歡喜就好。

長安發生巨變，叛軍大將史思明攻太原，久久不下；另一大將尹子奇攻睢陽（張巡）也被「吸」住。這時候，靈武這邊的大軍（包括郭子儀與西北邊防軍，以及回紇援兵）已經在鳳翔集結，長安附近的原本唐軍聽聞，拔營投奔者日夜不絕。

李泌建議，大軍往東直搗敵軍根據地范陽，一次解決禍亂，否則敵軍退回范陽，將捲土重來。

唐肅宗不同意，說：「我現在只想著收復長安，迎回太上皇，不能採用這個戰略！」

唐軍展開反攻。可是，燕軍情急拚命，仍然勇不可當，唐軍一時攻不下長安。郭子儀乃建議唐肅宗向回紇要求增兵。

回紇可汗要求，「攻下長安城，土地和男子歸唐，金帛和女子歸回紇」，唐肅宗居然答應了。於是回紇可汗派他的兒子葉護（不是名字，是頭銜，相當於「親王」）率領精兵四千人前往鳳翔，唐政府供應回紇每天羊二百隻、牛二十頭、米四十斛。

唐軍發動總攻，燕軍大敗，燕帝安慶緒退守洛陽。唐軍開入長安，回紇軍隨即要求兌現承諾。

廣平王李俶在回紇葉護的馬前下拜，說：「現在只收復了西京，如果立即擄掠金帛、女子，東京（洛陽）人民聽到，會拚死幫賊軍守城，請求到東京再兌現承諾。」

葉護被他的動作嚇到，跳下馬回禮，捧住李俶的腳，說：「我們願為殿下前往東京。」回紇軍於是不進長安，由南郊繞過。

【原典精華】

初，上欲速得京師，與回紇約曰：「克城之日，土地士庶歸唐，金帛子女皆歸回紇。」至是，葉護欲如約，廣平王俶拜於葉護馬前，曰：「今始得西京，若遽俘掠，則東京之人皆為賊固守，不可復取矣。願至東京乃如約。」葉護驚，躍下馬答拜，跪捧王足，曰：「當為殿下徑往東京。」

——《通鑑紀事本末・安史之亂》

捷報傳到鳳翔，唐肅宗涕淚交加，派宦官啖庭瑤前往巴蜀，奏報太上皇，並敦請太上皇回京。

郭子儀肅清關中賊軍之後，會合各路將領及回紇軍，在陝郡（今河南陝縣）將集結的燕軍一舉擊潰。

燕帝安慶緒率文武百官逃出洛陽，臨走之前，大舉誅殺唐軍俘虜及降將，包括哥舒翰。回紇軍進入洛陽，縱情劫掠。洛陽人民突然發現，他們翹首企盼的王師，居然是惡魔，向天哭訴：「為什麼會這樣？」而回紇軍仍不滿意，李俶跟洛陽仕紳商量，再徵收綢緞一萬匹，回紇才收兵回國。

西京收復，太上皇也啟程回長安。李亨脫下黃袍，改穿紫袍，為老爹引路，還避開御道。李隆基對左右侍從說：「我當天子五十年，不曉得什麼是尊貴。今天當天子的爹，才真正尊貴。」（自我安慰、解愧）

接下來，就是一幅超級陞官圖。

包括靈武流亡政府與巴蜀逃難小朝廷的官員，都成了「功臣」，甚至投降安祿山的官員，除了李林甫、楊國忠的子孫之外，都在赦免之列。其中包括名詩人王維。

王維當時來不及逃出長安，不敢反對安祿山，卻也不敢不接受大燕官職，只能消極裝病（自稱患了「瘖病」，不能說話），於是被囚禁在一間寺廟裡。他那時作過一首詩：「萬戶傷心生野煙，百官何日再朝天。秋槐葉落空宮裡，凝碧池頭奏管弦。」西京光復後，因為有這首詩，王維得到唐肅宗嘉許。

杜甫原本停職在家，這下子復任左拾遺，回到長安周旋於權貴之間，也寫了一些歌功頌德、粉飾太平的宮廷詩，如：「五夜漏聲催曉箭，九重春色醉仙桃。旌旗日暖龍蛇動，宮殿風微燕雀高。朝罷香菸攜滿袖，詩成珠玉在揮毫。欲知世掌詩綸美，池上於今有鳳毛。」等。

然而，兩京重光卻非人人受益。杜甫回到朝廷時，李白卻在流放之中。

13、流放獲赦——輕舟已過萬重山

李白怎麼會遭流放呢？有一段曲折。

之前唐玄宗逃出長安，經過馬嵬驛，歷經兵變，楊國忠被殺，楊貴妃賜死，玄宗繼續往四川逃亡。一直到了劍閣，此處天險，覺得安全了，才稍稍喘口氣，規劃反攻。

當時玄宗下令四個皇子分赴四地，統合兵馬，反攻兩京。事實上，太子李亨當時已經在靈武即位為唐肅宗，另外三位皇子當中，只有永王李璘出川，召集長江以南兵力，積極策劃北伐。

李璘的北伐戰略其實頗有創意：打造巨艦，由長江口出海北上，預定在今天天津附近登岸，切斷漁陽路，抄安祿山的老巢范陽。

李璘的總部最初設在江陵（今湖北江陵縣），掌控長江以南財賦，徵集戰士數萬人。一俟造艦完成，就順江東下，聲勢浩大。

當時李白帶著老婆、女兒避禍住在廬山，李璘東下經過江西，派人去徵召李白。最初李白還頗猶豫，但使節「三顧茅廬」表現得很有誠意，李白的「帝王師」雄心被撩起，雖然已經五十六歲，仍然自比孔明出山，慨然有澄清天下之志，遂加入了永王李璘的幕府，還為永王作了數十首〈永王東巡歌〉，現存十一首，此處錄其三首：

永王正月東出師，天子遙分龍虎旗。
樓船一舉風波靜，江漢翻為雁鶩池。

祖龍浮海不成橋，漢武尋陽空射蛟。
我王樓艦輕秦漢，卻似文皇欲渡遼。

試借君王玉馬鞭，指揮戎虜坐瓊筵。
南風一掃胡塵靜，西入長安到日邊。

由詩文可以看出，李白一心以為他加入的是「王師」，而且帝王大業在望。殊不知唐肅宗已經即位，而他加入了「叛亂團體」——等到他知道，已經上了賊船。

那一年的變化很大：安慶緒弒父自立，回紇援軍抵達，唐朝收復長安前夕，唐肅宗李亨訓令（以老哥對老弟的口吻，而非皇帝降詔）李璘，要他回四川孝敬老爹，李璘卻不接受——在李璘看來，如今「天下三分」：老哥、安慶緒，跟他。如果他的北伐戰略成功，天下便是他的。

形勢發展很快，安慶緒退回洛陽，太上皇回到長安，唐肅宗此時豈容「天有二日」！於是下詔淮南、淮西、江東諸鎮節度使，會同「招討」李璘。招討大軍駐防揚子（揚州濱長江處），沿江遍插軍旗，以壯聲勢。

永王李璘讀過兵書，但沒真正帶兵打過仗，他跟兒子李瑒一同登上丹陽城牆（今江蘇鎮江市），臉上露出恐懼神色。

主帥的臉色看在將領眼裡，當天就有三名將領向官方「投誠」，李璘父子不知如何是好。（李白跟趙蕤學的帝王術，看來也沒發揮作用）

當天晚上，長江北岸的招討軍沿江燃起大量火炬，熊熊光焰倒映江中，形成上下兩排，聲勢驚人。

李璘軍隊「輸人不輸陣」，也燃起火炬相抗。

但那不是李璘下的命令，所以他不知道。突然「軍中起火」，李璘誤以為招討軍已經渡江，大為恐慌，立刻召集家屬及侍衛，趁黑逃走。（這一招倒是深得玄宗真傳）天亮後，沒看到敵軍，才又回到城裡，集結未逃跑的殘餘士卒，乘船東下。在新豐（瀕太湖，今江蘇常州市內）與招討軍遭遇，李瑒中箭被亂兵殺害。李璘向西奔往鄱陽，被江西採訪使皇甫侁逮捕，處死。

皇甫侁還以為自己立了大功，卻不料唐肅宗大發雷霆——皇甫侁被撤職，永不錄用！原來，李璘從小沒了母親，是李亨帶大的，時常抱著睡覺。肅宗知道這個弟弟不會打仗，所以只調動地方軍隊「招討」他，而事實上也沒大動干戈就解決了。

回頭說李白。李白這下慘了，他成為叛亂犯，先被判死刑，不久減刑為流放夜郎（今貴州西南部）。

流犯李白自潯陽（今江西九江）啟程，溯長江西上，走了半年才到江夏（今武漢），刻意在江夏盤桓，過了年，才上行到江陵，進入長江三峽。

走在長江三峽中，李白寫下了〈上三峽〉：

巫山夾青天，巴水流若茲。

巴水忽可盡，青天無到時。
三朝上黃牛，三暮行太遲。
三朝又三暮，不覺鬢成絲。

這首詩裡的「青天」是一語雙關，既描繪巫山高聳插天，又比喻為皇帝，自哀赦書不至。而詩中「三朝三暮」與「黃牛」則另有典故：

【原典精華】

江水又東，逕黃牛山，下有灘名曰黃牛灘。南岸重嶺疊起，最外高崖間有石，色如人負刀牽牛，人黑牛黃，成就分明。既人跡所絕，莫得究焉。此巖既高，加以江湍紆洄，雖途逕信宿，猶望見此物，故行者謠曰：「朝發黃牛，暮宿黃牛；三朝三暮，黃牛如故。」

——《水經注．江水》

李白一心報國，卻誤投叛軍，更遭流放夜郎，心情之鬱卒可以想見。遇上三峽江流湍急，上溯難行，加上水路迂迴，三朝三暮望見山上「黃牛」，心頭煩得鬢髮都白了。終於，船上行到了白帝城，這裡是三國劉備絕命託孤之地，觸景傷情，李白的心情跌落到一個新低點。

就在這個時候，天上掉下來一個好消息：赦免李白的詔書到了白帝城！

這是怎麼回事？

故事要回推到李白二十八歲那一年，他在太原為一位青年軍官說情，救了他一命——那個青年軍官名叫郭子儀，如今是大唐帝國天下兵馬副元帥，而且已經立下收復兩京的大功勞。

郭子儀在收復東京洛陽之後，回到長安，聽人說起「李白流放夜郎」。他想起李白的救命之恩，於是在晉見唐肅宗時，表示「願以自己官職換取李白赦免」。

這不是開玩笑嗎？大唐帝國今天怎麼可以沒有郭子儀？

唐肅宗當場下詔，赦免李白。可是，宣詔使並不知道李白走到哪裡了，他只能先從長安到潯陽，然後一路追尋李白的行跡，沿長江西上。好在李白一路上刻意流連，宣詔使乃能在白帝城趕上了李白。

李白自由了，他即刻上船，直奔江陵。白帝山上的雲，在心情低落時，看來是烏雲，此刻也成了彩雲。於是李白寫下他的傳世名作之一〈早發白帝城〉：

朝辭白帝彩雲間，千里江陵一日還。
兩岸猿聲啼不住，輕舟已過萬重山。

這一首詩再度引用了酈道元《水經注．江水》中的典故：

【原典精華】

至於夏水襄陵，沿泝阻絕，或王命急宣，有時朝發白帝，暮到江陵，其間千二百里，雖乘奔御風不以疾也。……每至晴初霜旦，林寒澗肅，常有高猿長嘯，屬引淒異，空谷傳響，哀轉久絕。故漁者歌曰：「巴東三峽巫峽長，猿鳴三聲淚沾裳！」

——《水經注．江水》

四川是李白的故鄉，已經近在眼前，他卻絲毫沒有要回鄉的念頭，痛快享受朝發白帝、暮到江陵的「快」感。

猿啼？什麼猿啼？李白全沒感受。

他只曉得，輕舟已過萬重山，一切都沒事了。

然而，大唐帝國卻還沒能「輕舟已過萬重山」。

14、生死見真情——冠蓋滿京華，斯人獨憔悴

李白已經得赦，可是杜甫的消息不靈通，當時他人在秦州（今甘肅天水市），原來他跟長安官場格格不入，又辭官了。輾轉才聽到李白貶謫蠻荒，心想李白已年近花甲，這下子肯定凶多吉少。詩人感情豐富，日有所思，夜有所夢，於是寫了一首〈夢李白〉：

【原典精華】

死別已吞聲，生別常惻惻。
江南瘴癘地，逐客無消息。
故人入我夢，明我長相憶。
君今在羅網，何以有羽翼。

恐非平生魂，路遠不可測。
魂來楓葉青，魂返關塞黑。
落月滿屋梁，猶疑照顏色。
水深波浪闊，無使蛟龍得。

——《唐詩三百首．杜甫．夢李白之一》

浮雲終日行，游子久不至。
三夜頻夢君，情親見君意。
告歸常局促，苦道來不易。
江湖多風波，舟楫恐失墜。
出門搔白首，若負平生志。
冠蓋滿京華，斯人獨憔悴。
孰云網恢恢？將老身反累。
千秋萬歲名，寂寞身後事。

——《唐詩三百首．杜甫．夢李白之二》

杜甫以為李白九死一生，哀李白同時也嗟嘆自己。而「冠蓋滿京華」一句，則十足描繪了當時長安城裡的樂觀氣氛。

李白由江陵入三峽那一年，唐肅宗以公主嫁給回紇可汗，然後郭子儀率九鎮節度使討伐安慶緒。

李白獲赦「輕舟已過萬重山」那年，杜甫辭官經秦州往成都，大燕內部卻發生了兵變，史思明殺安慶緒，自立為燕王。

史思明是安祿山手下大將，安慶緒弒父自立後，命他回范陽鎮守大本營。

史思明在范陽，大力收編前線逃回來的敗兵，實力膨脹。

安慶緒忌諱史思明，派阿史那承慶（姓阿史那，名承慶）以徵兵為名，前往范陽，私下訓令他「找機會殺了史思明」。

史思明的參謀耿仁智點破這個陰謀，並勸史思明投降唐朝，「轉禍為福」。另一位將領烏承玼也說：「唐軍復盛，安慶緒不過一顆『葉上露』而已（太陽一出就消失了），何必跟他一同滅亡！如果歸順唐朝，洗刷從前的污點，如反掌之易！」

於是史思明動員數萬人，出城「迎接」阿史那承慶的五千衛隊，再將他騙到內院飲酒歡樂，另外派人收繳五千衛隊的武器。第二天，阿史那承慶在宿醉中被囚禁，史思明派人上表唐朝，獻出所轄十三個郡，和武裝部隊八萬人，請求投誠。唐肅宗大喜，封史思明為歸義王，仍兼范陽節度使，命他討伐安慶緒。

安慶緒突然陷入眾叛親離的困境，只能用恐怖手段控制軍隊，兩名歸降唐朝的郡太守，被他派兵攻陷城池俘虜，在鄴都（今河南安陽市）鬧市上施以剮刑（肉盡猶未死！）。凡是被他懷疑可能變節的，蕃人誅殺全「種」（部落），漢人誅殺全族，其結果是人心更加驚惶離散。

可是，唐軍河東節度使李光弼認為史思明不可靠，最終免不了仍要叛變，於是收買史思明的親信烏承恩，命烏承恩刺殺史思明，答應事成後任命他為范陽節度副使。這個陰謀沒有成功，烏承恩和兒子同遭逮捕，並搜出李光弼的文書，還有唐肅宗賜的鐵券（免死詔令）。

史思明召集諸將公審烏承恩，將烏氏父子亂棍打死。烏承恩的弟弟烏承玼（當初勸史思明投降那位）逃奔太原，另一位勸降要角耿仁智也被亂棍打死，腦漿流滿一地。史思明接著上表唐肅宗，要求誅殺李光弼，肅宗當然不可能同意，於是史思明再舉起反唐大旗。

郭子儀率軍渡過黃河，擊潰安慶緒大軍，一路追擊到鄴都。安慶緒陷入包圍，只好派人去范陽，向史思明求救，聲稱願把皇帝寶座相讓。史思明出動十三萬人南下，可是卻停在半途，觀望不前，只派出步騎一萬人，在距離鄴都一百里外的滏陽（今河北磁縣）作勢聲援。

史思明將主力分兵三路進攻魏州（今河北大名縣），攻陷，殺三萬人，守將崔光遠棄城隻身逃走。史思明乃在魏州城北興築高台，登台閱兵，自稱「大燕聖王」。

鄴城被圍得密不透風，地下的老鼠都被掘光，一隻老鼠價格四千錢，土牆中的穀皮也用水洗出，淘取食用。可是，安慶緒死守不降。久之，唐軍漸漸「皮」了，軍心鬆懈。這時，史思明大軍由魏州南下，在距鄴都五十里處紮營，每營發戰鼓三百個，日夜不停擂動，從精神上對唐軍施壓；又遴選精銳騎兵五百人，每天出動劫掠、襲擾；更化裝成唐軍，偷襲後方補給線。

最後，雙方約定日期決戰，唐軍步騎兵六十萬人，史思明親率精銳兵五萬人。史思明迅速發動攻擊，雙方正酣戰間，大風突然漫天而起，飛沙滾石，摧樹拔木，太陽被風沙遮住，地面軍隊伸手不見五指——雙方大軍同時崩潰，史思明大軍向北逃命，唐軍向南逃命！

唐軍人數太多，九鎮軍隊失去指揮，大亂潰退。東京洛陽以為前方大敗，貴族、官員、平民爭先恐後逃亡。九鎮節度使各自逃回自己的地盤，還能維持軍紀的，只有李光弼和王思禮，郭子儀則在稍後穩住腳步，招撫散兵。

史思明在確認唐軍逃走之後，集結部隊，折回鄴都，在城南紮營。不主動跟城內聯繫，也不南下追擊唐軍，每日在營中大宴將士。鄴都官員有出城勞軍者，史思明與他們相見，嗚咽流淚，然後餽贈禮物，送他們回鄴城。三天後，安慶緒派人向史思明稱臣，請史思明部隊「卸甲入城」，他將獻上皇帝玉璽。

史思明口中說「何至於此」，但卻將安慶緒的奏章傳閱三軍，三軍將士高喊「萬歲」。

安慶緒以為史思明真的不想當皇帝，就請求跟史思明歃血為盟，約為兄弟。史思明同意。於是安慶緒在三百騎保護下，前往史思明大營。史思明命士卒身穿鎧甲，手持兵器，嚴陣以待，然後引安慶緒等人進入庭院。安慶緒向史思明下跪，叩頭謝恩。

這時候，史思明突然翻臉，述說安慶緒的罪狀，命武士將安慶緒與四個弟弟，以及主要的八位將領，一齊斬首，但保留文官的腦袋，要他們維持政府運作。

史思明班師回到范陽，自稱「大燕皇帝」，改范陽為「燕京」。

唐軍九鎮聯軍因氣候突變而潰敗，但因為安慶緒被殺，而史思明在長安那些官僚的心目中，遠不及安祿山，認為亂事平定指日可待，因而長安朝廷中一片「自我感覺良好」。

好到什麼程度？

好到居然逼郭子儀下台！

15、老驥伏櫪

——孤鳳向西海，飛鴻辭北溟

九鎮兵馬自亂陣腳潰敗，給了唐肅宗身邊當紅宦官魚朝恩見縫插針的機會。一番讒言之後，唐肅宗將駐防東京洛陽的郭子儀召回長安，改派李光弼為天下兵馬元帥，接替郭子儀。

歷史的經驗中，功高震主的大將被拔除軍權，下場多半是被處決。因此，郭子儀的嫡系士眾攔住宣召欽差（宦官），要求留下郭子儀。但是，郭子儀如果不去，可是「抗旨」的罪名，依律是要殺頭的。

郭子儀一生沒起過造反念頭，於是對士眾說：「現在只是給欽差餞行，我還沒要走。」等通過群眾，郭子儀一提馬韁，絕塵而去，士眾追趕不及。

接下重任的李光弼明白自己的處境——雖然升了官，手握天下兵權，卻不時會有人向皇帝打小報告。於是他向朝廷提出：派一位親王為元帥，自己當副元帥。

肅宗就派自己的兒子趙王李係為天下兵馬元帥，但李係不去前線，留在長安，實際軍事仍然交付李光弼。

李光弼同時也明白，郭子儀的朔方軍心向故主，眼前不會擁護他。於是他採取閃電措施：帶領五百騎兵，趁夜闖進朔方軍大營，直入節度使總部，接收兵權。

朔方軍的左廂兵馬使張用濟一度起意奇襲洛陽，趕走李光弼。李光弼得悉這個陰謀，但因張用濟當時駐守河陽（今河南孟縣），是最重要的據點，所以先不動聲色，後來藉一次巡視的機會，張用濟單獨來晉見時，下令將他拿下，斬首。朔方軍因此全軍肅然，畏懼李光弼的嚴厲。

史思明聽說郭子儀走了，大軍分四路南下，在汴州（今河南開封市）集結。李光弼正沿黃河巡視各軍，得到情報，立刻趕到汴州，訓令汴滑節度使許叔冀：「若能堅守十五天，我就率軍來援。」

許叔冀一口答應，李光弼乃回洛陽調兵。

可是許叔冀對上史思明，才打了一場敗仗，就獻城投降了。於是史思明乘勝追擊，大軍直逼洛陽。

李光弼見敵軍來勢洶洶，決定放棄洛陽、堅守河陽。

史思明進入洛陽，發現是一座空城，官吏、人民都撤退了，所有民生物資和鐵器也都移去河陽。他擔心李光弼已經設好伏兵，因此也不敢住進洛陽皇宮，駐軍白馬寺（洛陽城東北）。

史思明派勇將劉龍仙到河陽城下搦戰。劉龍仙自恃勇武，將右腳蹺到馬脖子上，在城下罵陣。

李光弼問：「誰能斬他？」

大將僕固懷恩自請出戰。

李光弼說：「這種事不必大將出馬。」

左右推薦白孝德。

李光弼問白孝德：「要多少軍隊？」

白孝德回答：「我一個人足夠了。」

李光弼再問：「不要人馬，另外需要什麼？」

白孝德說：「挑選五十名騎兵在城下掠陣；我動手時，請城上擂鼓吶喊助勢。」

白孝德挾著兩支鐵矛，揮鞭催馬，渡水前往對岸。

僕固懷恩說：「贏定了！」

李光弼問：「還沒交手，你怎麼知道？」

僕固懷恩說：「看他手提韁繩的安閒神態，知道他有著萬全計謀。」

劉龍仙見只來一個敵人，根本不將他放在眼裡。等白孝德過了河，靠近了，打算有動作，白孝德卻向他搖手示意，好像不是前來決戰似的。

劉龍仙猜不透他這個動作的含意，於是按兵不動。

白孝德前進到距離十步之處，讓馬休息好一會兒，突然瞪眼大喝：「叛賊，你可認識我？」

劉龍仙說：「你是誰？」

白孝德：「我，名叫白孝德。」

劉龍仙：「哪裡來的豬狗！」

白孝德突然高聲大叫，舞動鐵矛，躍馬攻擊。此時，城上戰鼓如雷，喊聲震天，城下五十名騎兵飛奔過河，踹劉龍仙的陣腳。

劉龍仙倉促間不及發箭，反射動作，撥馬繞著河堤逃走。白孝德追上，劉龍仙被鐵矛刺下馬。

白孝德割下劉龍仙的人頭，帶回城裡，燕軍大為驚駭。

【原典精華】

孝德挾二矛，策馬亂流而進。半涉，懷恩賀曰：「克①矣。」光弼曰：「鋒未交，何以知之？」懷恩曰：「觀其攬轡②安閒，知其萬全。」

龍仙見其獨來，甚易之。稍近，將動，孝德搖手示之，若非來為敵者，龍仙不測③而止。

去之十步，孝德息馬良久，因瞋目謂曰：「賊識我乎？」龍仙曰：「誰也？」曰：「我，白孝德也。」龍仙曰：「是何狗彘④！」

孝德大呼，運矛躍馬搏之。城上鼓譟，五十騎繼進。龍仙矢不及發，環走⑤堤出。孝德追及，斬首，攜之以歸，賊眾大駭。

——《通鑑紀事本末．安史之亂》

①克：軍隊打勝仗稱「克」。
②轡：音「配」，馬韁。
③測：猜。不測：猜不透。
④彘：音「志」，豬的別稱。
⑤環走：繞著走。

史思明人多勢眾，李光弼智計百出，雙方在洛陽與河陽之間對峙一年多。其間李光弼分兵攻略周邊諸鎮，史思明也分兵救援，雙方互有勝負。

直到一場劇變發生。

大燕皇帝史思明犯了跟安祿山一樣的致命錯誤，想要立小兒子史朝清為太子，並除去長子史朝義（封懷王）。史朝義的部將駱悅、蔡文景跟他攤牌，要求以武力挾持史思明，並且說：「大王如果不允許，我們今天就投奔唐朝，大王你也無法保全自己。」

史朝義不敢發動，卻又無力阻止，只好哭著說：「你們好好去做，千萬不要驚嚇到皇上！」

駱悅脅迫史思明的侍衛長曹將軍，攻進史思明的居處，史思明中箭，被綁縛絞死。史朝義在洛陽登基稱帝，消息傳到范陽，留守的將領誰也不服誰，相互攻擊，連月血戰，死亡數千人。至於前線軍中，皆為安祿山舊將，史思明在時還罩得住，如今全都不願效忠史朝義。

敵軍內部生變，大唐朝廷又認為天下太平了，乃將李光弼調回河中節度使本職，他的頭銜也改為河南（黃河以南）兵馬副元帥，兼八鎮行營節度，於是李光弼離開北方戰場前往臨淮（今安徽盱眙縣）。

聽說李光弼到了臨淮，才剛從江陵回到江南的李白心又動了。那一年他六十一歲，寫了一首長詩給李光弼毛遂自薦。但李白卻因為生病，未能到達臨淮。

這首詩中吹捧李光弼的軍容「黃河飲馬竭，赤羽連天明」；軍威「三軍受號令，千里肅雷霆」；述說自己的志向「意在斬巨鼇①，何論鱠②長鯨」；可惜「半道謝病還，無因東南征」；一生心懷大志，最終只能「孤鳳向西海，飛鴻辭北溟」。

與此同時，杜甫人在四川，境遇潦倒。

①鼇：音義同「鰲」，海中大鰲。

②鱠：音義同「膾」，細切。

16、大亂平定——青春作伴好還鄉

杜甫在秦州「夢李白」，之後前往蜀州，經過劍閣到成都，也就是走「難於上青天」的蜀道。

經過劍閣時，杜甫寫下「劍門天下壯」的名句，詩中有「連山抱西南，石角皆北向」——一個落魄流離的詩人，比當初逃難的皇帝，還心向「北面」！

杜甫到了成都，先寓居城西草堂寺，得到好友也是著名詩人高適（時任西川節度使）的資助，得以不在僧房打齋（可以吃葷）。

後來，在蜀地朋友協助下，杜甫於成都浣花溪畔自建草堂，心情轉為舒暢，「自去自來梁上燕，相親相近水中鷗」。偶爾有朋友來訪，「花徑不曾緣客掃，蓬門今始為君開」，也有「肯與鄰翁相對飲，隔籬呼取盡餘杯」的雅興。

然而，草堂的建築畢竟簡陋，隔年秋天，一場暴風雨造成了一場災難：

【原典精華】

八月秋高風怒號，卷我屋上三①重茅。

茅飛渡江灑江郊，高者掛罥②長林梢，下者飄轉沉塘坳。

南村群童欺我老無力，忍能對面為盜賊③。

公然抱茅入竹④去，唇焦口燥呼不得，歸來倚杖自歎息。

俄頃⑤風定雲墨色，秋天漠漠向昏黑。

布衾⑥多年冷似鐵，嬌兒惡臥⑦踏裡裂⑧。

---

①三：泛指「多」。
②罥：音「願」，高掛。
③為盜賊：做出盜賊之舉。
④入竹：進入竹林。
⑤俄：音「鵝」。俄頃：頃刻間。
⑥衾：音「親」，被子。
⑦惡臥：睡相不佳。
⑧踏裡裂：把被裡蹬破了。

床頭屋漏無乾處，雨腳⑨如麻未斷絕。
自經喪亂少睡眠，長夜沾濕何由徹⑩！
安得廣廈千萬間，大庇天下寒士俱歡顏，風雨不動安如山！
嗚呼！何時眼前突兀⑪見此屋，吾廬獨破受凍死亦足！
——《唐詩三百首．杜甫．茅屋為秋風所破歌》

這就是杜甫，自家的茅屋毀於風雨，他還念及「天下寒士」。且不僅念及寒士，也念念不忘國事，草堂修復後的隔年，他聽說官軍收復河南河北，心情激動作詩：

劍外忽傳收薊北，初聞涕淚滿衣裳。
卻看妻子愁何在，漫卷詩書喜欲狂。
白日放歌須縱酒，青春作伴好還鄉。
即從巴峽穿巫峽，便下襄陽向洛陽。

事實上，「劍外」（劍閣之外，遠離中原）的消息落後，中原戰事與政局已經發生了很大的變化。

史朝義弒父自立，大燕帝國內部雖然不穩，可是大唐帝國缺乏能夠指揮大軍團作戰的將帥（因為李光弼被調往南方），剿匪戰事因而無甚進展。

唐肅宗不得已，只好徵召郭子儀復出，封郭子儀「汾陽王」，統攝四鎮節度使，並兼關中兩個直隸軍的副元帥。

當時肅宗已經病重，將郭子儀召進寢宮，對他說：「河東（黃河是陝西、山西界河，河東意指關中以外）的事情，完全交給你了！」

一個半月之後，太上皇李隆基崩逝。又半個月後，唐肅宗李亨崩逝，太子李豫繼位，是為唐代宗。

代宗即位之初，凡事聽從肅宗後期當權的宦官李輔國，尊稱他為「尚父」。這個尊號，在此之前的歷史，只有周武王稱姜太公。另外，齊桓公稱管仲「仲父」，項羽稱范增「亞父」。

⑨雨腳：雨點打在屋上，如腳踩般。
⑩徹：整夜。何由徹：如何捱到天明。
⑪突兀：高聳貌。

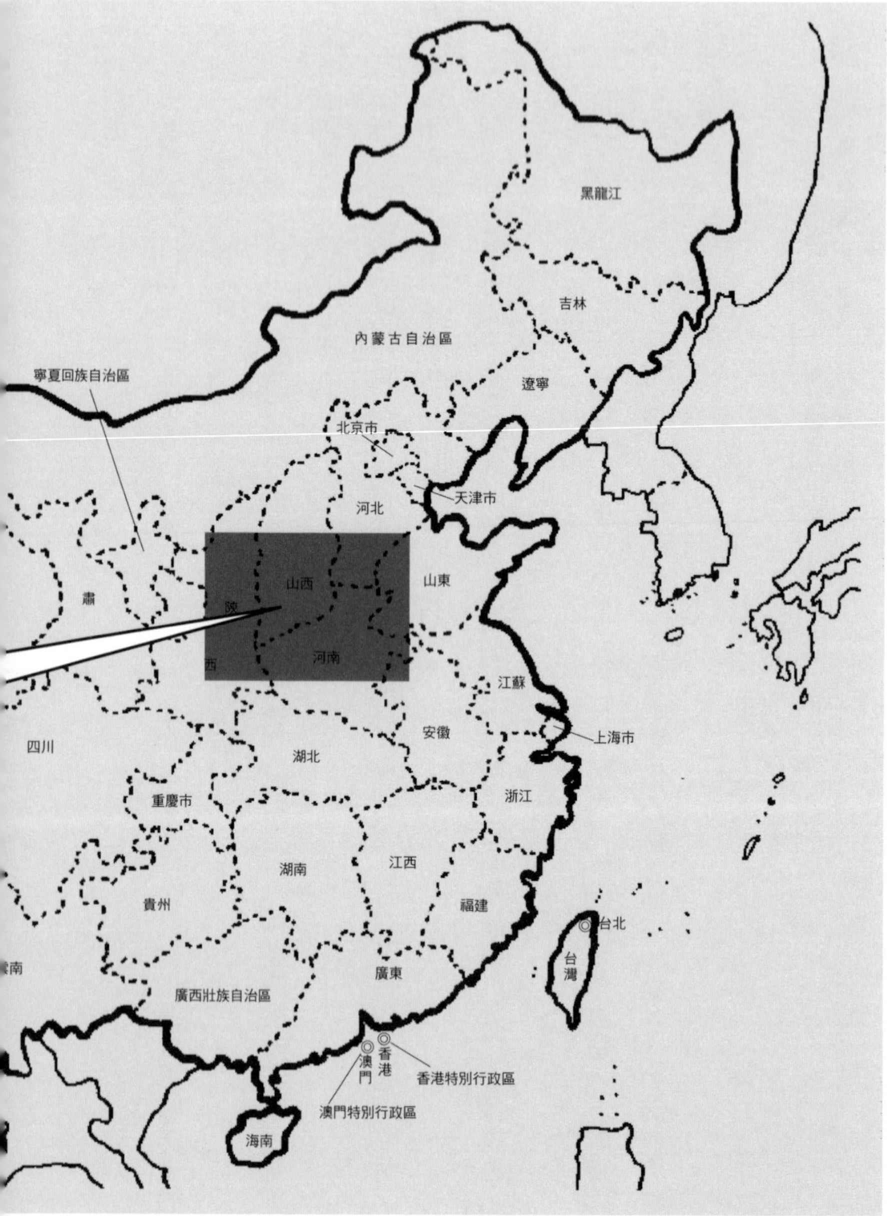
黑龍江
吉林
內蒙古自治區
遼寧
寧夏回族自治區
北京市
天津市
河北
山西
山東
陝
西
河南
江蘇
上海市
安徽
四川
湖北
重慶市
浙江
湖南
江西
貴州
福建
台北
台
灣
雲南
廣東
廣西壯族自治區
澳
門
香
港
香港特別行政區
澳門特別行政區
海南

回紇援軍第二次南下

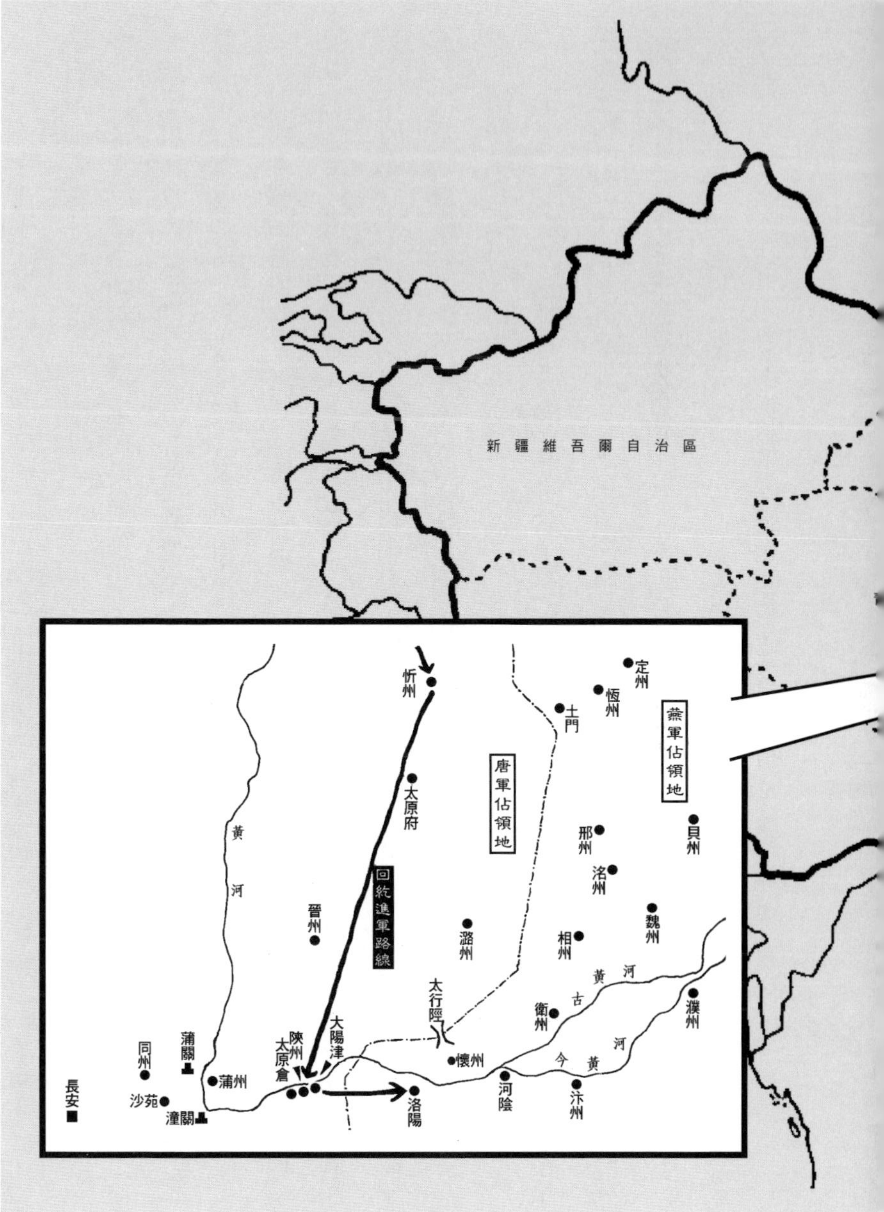
新疆維吾爾自治區
燕軍佔領地
唐軍佔領地
回紇進軍路線
忻州
太原府
晉州
陝州
太原倉
大陽津
洛陽
定州
恆州
土門
邢州
洺州
貝州
魏州
相州
潞州
太行陘
衛州
濮州
懷州
河陰
汴州
黃河
古黃河
今黃河
同州
蒲關
蒲州
長安
沙苑
潼關

李輔國權傾一時，連宰相元載都事事迎合他。但是李輔國「一人之下」的地位，只維持了不到兩個月。

代宗先解除李輔國的行軍司馬職位（不再能插手軍事），再免除他的中書令職位（不再能干預政務），然後將他「一腳踢到樓上」——晉封博陵王。李輔國想要進宮「謝恩」，皇宮守門人對他說：「尚父已經免除宰相職務，不應再進此門。」

取代李輔國地位的，是另一個宦官程元振。程元振一時無法掌握天下兵馬，只能管到禁軍，於是代宗下詔：命郭子儀為行營節度都使，得以調遣、節制所有節度使兵力。但那只是一時之計，二個月後，郭子儀入京朝見，就被留在長安，解除所有的兵權。

代宗李豫命兒子李适（後來的唐德宗）擔任天下兵馬元帥，同時派宦官劉清潭前往回紇，請回紇登里可汗出兵。

登里可汗最初接到史朝義的邀請，趁唐朝皇帝崩逝，一同進軍關中。回紇十萬大軍已經南下到了忻州（今山西忻縣），劉清潭緊急回報，唐朝廷才緊急派人「迎接勞軍」，同時教朔方節度使僕固懷恩趕往忻州。

僕固懷恩是蕃將（鐵勒族），女兒嫁給從前回紇可汗的一個孫子，而那個女婿正是此時的登里可汗。結果，丈人說服了女婿，回紇改支持唐軍，攻打燕軍。

唐回聯軍擊敗燕軍，史朝義只帶了數百騎兵突圍北逃。回紇軍進入洛陽，大肆燒殺掠奪，居民死亡數以萬計，大火數十天不息，並將劫掠的財貨、婦女集中一地，派將領留守。

史朝義逃往河北，一敗再敗，燕軍守將一個個投降唐軍。最後，燕國的范陽節度使李懷仙向唐朝投誠，命兵馬使李抱玉緊閉范陽城門，李抱玉只供應史朝義軍隊一餐，史朝義軍中的范陽人也一個個「叩頭辭別」（回到城中的家）。史朝義淚流滿面，率胡騎數百人向北繼續亡命，被李懷仙追兵趕上，史朝義被迫在樹林中上吊自殺。

這就是「官軍收復河南河北」的歷史記載。所謂「光復」，事實上是唐朝慘勝、人民哀鴻遍野。

「安史之亂」雖然結束，藩鎮割據卻正要開始。

17、落花時節——飄飄何所似？天地一沙鷗

安史之亂宣告結束的時候，李白已經去世一年（與唐玄宗、唐肅宗同年過世），臨終作詩：

【原典精華】

大鵬飛兮振八裔，中天摧兮力不濟。
餘風激兮萬世，遊扶桑兮挂左袂。
後人得之傳此，仲尼亡兮誰為出涕？

——《全唐詩．李白．臨終歌》

李白就是李白，他心知自己的帝師夢雖未得圓，但詩文足以流傳百世，因此敢自比孔子。

杜甫呢？

在得到官軍收復河北、河南的消息之後，杜甫原本有意「青春作伴好還鄉」，路線且已規劃好，「即從巴峽穿巫峽，便下襄陽向洛陽」，也就是由成都出三峽，再順漢水回到河南故鄉。

但是，計畫永遠跟不上變化。

杜甫入蜀，最初是得到成都尹嚴武的資助，但嚴武隨即被召進京，好在老朋友高適繼任。之後成都發生亂事，他一度前往梓州（今四川三台縣）依附漢中王李瑀。亂事已經平定，看著一批又一批朋友回去長安與洛陽，杜甫也積極做東下出峽的準備。

就在這時候，嚴武又被詔命為西川節度使，並且邀請杜甫進入他的幕府——老友正在用人之際，且節度府幕僚有俸祿，可以不靠朋友解囊相助，於是杜甫又回到成都。

嚴武除了聘杜甫為節度參謀，甚且上表朝廷，任命他一個「參謀檢校工部員外郎」，這個官雖然有銜無職，但畢竟是六品京官。後世稱杜甫「杜工部」，因為那是他一生中最高的官銜。

老年（五十三歲）入幕，與一班年輕的清客同事，杜甫顯得落落寡歡，一再向嚴武表示，自己留下來，只因「束縛酬知己，蹉跎效小忠」。終於最後還是辭去了參謀的職務。不久之後，嚴武本人也死在任上。

杜甫再回到草堂，收拾細軟，一個月後，舉家下三峽，卻因生病及其他原因，「四穿白帝城」而未出峽。

這段期間，他的心情以這首詩最能表達：

【原典精華】

細草微風岸，危檣獨夜舟。星垂平野闊，月湧大江流。
名豈文章著，官應老病休。飄飄何所似，天地一沙鷗。

——《唐詩三百首·杜甫·旅夜書懷》

線上影音

掃描QR Code
聽公孫策說書

杜甫在三峽中「流連」一年九個月，他上下巫峽當然也聽到猿啼，可是他和李白當時的心情卻大不相同：李白一心思歸，所以詩句是「兩岸猿聲啼不住」，猿啼之聲對他毫無所感；可是杜甫因老病而蹉跎峽中，詩句是「聽猿實下三聲淚」，猿聲和他的心境，如響斯應！

終於，杜甫還是出峽東下了，在江陵跟他的弟弟杜觀一家團聚，停留接近一年後，繼續東下到了潭州（今湖南長沙市）。杜甫在潭州遇到一位老朋友李龜年，他是開元、天寶年間，長安最紅的音樂表演家，擅長歌唱，又會演奏胡樂。在那個繁華年代的長安城，達官貴人家裡夜夜笙歌，像李龜年與前面提到的董庭蘭等表演者，以及李白、杜甫這些才氣縱橫的詩人，經常都是這些上流社交場合的座上賓。

杜甫這下在潭州遇到李龜年，寫了一首詩：

【原典精華】

岐王宅裡尋常見，崔九堂前幾度聞。
正是江南好風景，落花時節又逢君。

——《唐詩三百首・杜甫・江南逢李龜年》

一首傷感詩卻能完全不著傷感字，初讀毫無悲傷之感，細讀咀嚼之後，才知詩中意有所指：

岐王李隆範是唐玄宗的兄弟，崔九（名崔滌）在開元年間任殿中監，以他代表開元盛世。而眼前的江南美景，「風景不殊而河山有異」，末句「落花時節」更是一語雙關，既說時節，又喻大唐帝國的國勢已是「落花時節」，甚至，杜甫和李龜年兩人也到了「落花時節」——杜甫在一個月後去世。

《唐詩三百首》的編者蘅塘退士評論本詩：「世運之治亂，年華之盛衰，彼此之淒涼流落，俱在其中。少陵七絕，此為壓卷。」

一句「落花時節」，事實上也可做為大唐盛世的「壓卷」，接下去帝國國勢開始江河日下。

〔第二篇〕

藩鎮割據

「無有一城無甲兵」

安史之亂雖然平定，大唐帝國卻已元氣大傷。

更糟糕的是，唐肅宗為了趕快看到天下太平，處處採用權宜之計：

一、為了求得回紇援兵，什麼條件都答應，事成之後卻又無法完全兌現，結果人民悲慘，回紇卻仍不滿足。

二、為了消滅安慶緒、史朝義，重賂叛軍將領，並許以地盤，結果「安、史」之亂算是平定了，卻生出更多軍閥。

最嚴重的問題在唐肅宗李亨本人，他不是一個有能力的君主，耳根子又軟，聽信張皇后和太監的「小話」。久之，各藩鎮軍閥看破了朝廷手腳，需索無度，隨時翻臉。

朝廷與藩鎮之間完全沒有互信，相互防備。結果，全國各州城都駐紮了軍隊——最初為了節省國防軍隊，只在邊境設置十鎮節度使，如今完全相反，經濟也因此被拖垮了。

【原典精華】

天下郡國向萬城，無有一城無甲兵。

焉得①鑄甲作農器，一寸荒田牛得耕。

牛盡耕，蠶亦成。
不勞烈士淚滂沱，男穀女絲②行復歌。

——〈杜甫．蠶谷行〉

從此之後，大唐其實已經不復一個中央集權的帝國，而是軍閥割據的局面。

①焉：何。得：得以。焉得：何時能夠？
②男穀女絲：男耕女織。

18、逼反僕固懷恩——殿前兵馬破汝時

前文述及，回紇可汗為兒子登里向唐朝求婚，唐肅宗命僕固懷恩將女兒嫁給登里。後來登里繼承可汗大位，肅宗已死，繼位的唐代宗李豫命僕固懷恩去向女婿求援兵，一同討伐史朝義。

當時，翁婿二人在太原相見，太原府是河東節度使的治所。節度使辛雲京擔心僕固懷恩會跟回紇聯手偷襲他，因此緊閉城門，也不出城勞軍。後來，安史之亂平定了，代宗下詔要僕固懷恩送登里可汗出塞，經過太原府，辛雲京仍緊閉城門，不相往來。僕固懷恩為此十分火大，上表告狀，可是代宗身邊的宦官得了辛雲京好處，這份奏章因此沒有給皇帝看到。

唐代宗派宦官赴四方巡查。宦官駱奉先到了太原，辛雲京以厚禮籠絡，並且一直碎碎念「僕固懷恩聯合回紇謀反，反狀已露」。

駱奉先再到汾州見僕固懷恩。

僕固懷恩請他到內室喝酒，母親也在座。僕固伯母席間數次責問駱奉先：「你跟我兒子約為兄弟，卻又跟辛雲京親近，簡直是兩面人。」——這是胡人「非友即敵」思考，邏輯有問題。

可是駱奉先只是個太監，學識不足，如果是考試任用的文官，就能理直氣壯的回答：「我奉旨而來，對所有朝廷官員必須一視同仁。」挨了罵，無能反駁，且因身處對方軍營內，只能忍氣吞聲。

隔天剛好是端午節，僕固懷恩力邀駱奉先多留一天，可是駱奉先堅持要走，僕固懷恩叫人把駱奉先的馬藏起來。

駱奉先對左右說：「早上責備我兩面人，現在又將我的馬藏起來，莫非想要殺我？」於是一行人趁夜翻出城牆逃走。

僕固懷恩聞報，大驚，派人將馬追送交還。

駱奉先回到長安，立即奏報「僕固懷恩謀反」；而僕固懷恩的奏章也到了長安，請求誅殺辛雲京與駱奉先。代宗兩邊都不偏袒，分別對雙方下詔，說好聽話，要他們和解。如此做法實際上是迴護辛、駱兩人，因此僕固懷恩大為不滿。

僕固懷恩在平定安史之亂的過程中，立下汗馬功勞，一個家族為國犧牲四十六人，卻仍屢被讒言誣陷。這次他怒氣衝天，上疏措辭強硬：

「最近陛下徵召幾位將領入朝，他們全都拒絕不去，就因為恐懼宦官的讒口，深怕被不明不白的屠戮。並不是這些人不忠於陛下，只是因為奸邪在陛下身旁。

「我前後兩次檢舉駱奉先的罪行，句句實言，可是陛下卻不處理，就是因為他的同夥（太監）太多了，互相勾結，得以蒙蔽皇上的耳朵和眼睛。

「朔方將士功勞最高，陛下卻相信宦官的讒言，認定他們就要叛變。之前，郭子儀受到猜忌，如今我又受到誣陷。我打算進京向陛下當面報告，又恐將領們勸阻。請陛下特派一位使節，我願跟他一同赴京面奏。」這份奏疏沒有被宦官攔截，因為它可以做為「僕固懷恩早有不臣之心」的佐證。

皇上看到奏疏，派一位宰相裴遵慶前往僕固懷恩在汾州的大營。僕固懷恩見到裴遵慶，跪下，抱住他的雙腿，哭訴實情。裴遵慶則暗示明勸，要他前往長安，親自向皇帝訴說，僕固懷恩當場也同意了。

可是副帥范志誠警告：「大帥如果聽信政客甜言蜜語，一旦去了長安，就回不來了。」隔天，僕固懷恩向裴遵慶表明「怕死，所以不去」。裴遵慶空手而返。

代宗又派檢校刑部尚書（攝理法務部長）顏真卿去慰問朔方行營（僕固懷恩的大營）。之前，李豫流亡陝州時，顏真卿曾自告奮勇，請求去勸朔方節度使僕固懷恩入朝（意味著朔方軍表態勤王）。李豫當時不允許，此時則以皇帝身分，命顏真卿前去說服僕固懷恩入朝。

顏真卿說：「當年如果讓我去宣他勤王，他來得理直氣壯。如今陛下宣召他來，他並不能建立勤王之功，又不願解除兵權，他怎麼可能接受？事實上，始終緊咬僕固懷恩叛變的，只有辛雲京、駱奉先、李抱玉、魚朝恩四人而已。其他文武百官都認為他冤枉。若陛下命郭子儀接替僕固懷恩，用不著動干戈，就可以平息這一場災難。」

可是，郭子儀功高震主，一直受到肅宗、代宗父子的猜忌，顏真卿的意見當時並未被接受，直到僕固懷恩無法承受壓力，向太原主動發起攻擊。

戰報傳到長安，代宗沒有大將可派，只好請出郭子儀。郭子儀也不拿喬，立即動身前往河中（今山西永濟縣）。僕固懷恩的部屬聽到這個消息，私下相互傳言：「我們追隨僕固懷恩做出違反大義之事，有何面目再見汾陽王！」（郭子儀的爵位是汾陽王）

叛軍前線發生兵變，漢人將領白玉、焦暉襲殺僕固懷恩的兒子僕固瑒。僕固懷恩在汾州得報，率親兵三百人，奔回朔方。郭子儀抵達汾州，叛軍全部向他投誠——僕固懷恩的軍隊多半來自朔方，郭子儀是朔方軍的精神領袖，士卒看見老帥回營，個個涕淚橫流。

這時消息傳來，僕固懷恩引回紇與吐蕃軍十萬人，將攻擊關中。代宗下詔命郭子儀率諸將赴奉天（今陝西乾縣）坐鎮，並召郭子儀到長安面談。

代宗問郭子儀有何破敵計謀。

郭子儀說：「僕固懷恩不能有什麼作為。」

代宗問：「你根據什麼判斷？」

郭子儀說：「僕固懷恩作戰勇猛，卻不體恤部下，將士對他並不心悅誠服。朔方軍都是我從前部屬，絕不忍心對我拔刀，所以他不能有什麼作為。」會談後，郭子儀前往奉天。

郭子儀第一道命令，派兒子郭晞率士卒萬人增援邠州（今陝西彬縣）。這是郭子儀的作風，將兒子派到最前線，以示絕不畏戰貪生，穩定己方軍心。僕固懷恩引回紇、吐蕃軍推進到邠州，郭晞與守將白孝德緊閉城門堅守。朔方軍與回紇、吐蕃聽說是郭子儀的兒子，都不願攻城，於是聯軍繞過邠州，進逼奉天。

奉天諸將請求出戰，郭子儀不准，說：「蠻虜深入我國境，最盼望速戰速決，我們堅守壁壘，讓他們認為我們畏怯，戒備自然鬆懈。到時候，才能將他們擊破。如果立即迎戰，稍有失利，軍心勢必離散。再有膽敢要求出擊者，斬首！」

僕固懷恩與回紇、吐蕃聯軍果然中計，認為唐軍怯戰，於是在一個霧夜發動拂曉攻擊，以為可以奇襲得手。不料，晨霧瀰漫中，突然出現大軍，大為驚駭，立即撤退。郭子儀派編將李懷光率五千名騎兵在後面「撵」。聯軍一路潰退，經過邠州時，試圖攻城，不克，再往西北奔逃。

隔年，僕固懷恩又聯合回紇、吐蕃，這次再加上吐谷渾（今青海西部）、党項（今四川西北部）、奴拉（今四川西北部），共集結十萬人大軍，分三路進攻關中。可是僕固懷恩本人在中途得到疾病，病逝在鳴沙（今寧夏中寧縣），朔方軍內部分裂，吐蕃、党項等四處劫掠後，各自撤退回國。

郭子儀派出使節，勸說回紇，聯合對付吐蕃。

回紇不信郭子儀會在第一線，說：「郭令公真的在這裡，可否親眼一見？」

郭子儀只帶幾名騎兵出城，命人大聲喊話：「郭子儀來了！」

回紇軍統帥藥羅葛，是登里可汗的弟弟，手執弓、箭上弦，站在陣前。郭子儀脫下頭盔、解下鎧甲、扔下長槍，繼續前進。

回紇諸酋長你看我、我看你，異口同聲說：「是他，沒錯！」一個個翻身下馬，圍繞郭子儀跪拜。

郭子儀也下馬、握住藥羅葛的手，責問：「為何與僕固懷恩勾結？」

藥羅葛說：「僕固懷恩騙我們，說令公（郭子儀當時最高官銜是中書令）已經去世，我們才出兵的。如今令公親率大軍到此，我們豈會對令公開戰？」

於是，郭子儀與藥羅葛酹酒（把酒灑在地上）為誓，雙方簽訂盟約。吐蕃軍得到消息，趁夜遁走。藥羅葛率回紇軍追擊，接連擊敗吐蕃軍。

【原典精華】

（郭子儀）遂與數騎開門而出，使人傳呼曰：「令公來！」回紇大驚。其大帥胡祿都督藥羅葛，可汗之弟也，執弓注矢①立於陣前。子儀免胄，釋甲、投槍②而進，回紇諸酋長相顧曰：「是也！」皆下馬羅拜。

——《資治通鑑．唐紀三十九》

①注矢：箭矢搭在弓弦上。

②免冑：摘下頭盔。釋甲：卸下護甲。投槍：扔掉長槍。都是表示無敵意的動作。

逼反僕固懷恩是唐朝朝廷的一大敗筆，因為最後收拾安史之亂殘局的，正是僕固懷恩。事實上，平叛的主力是朔方軍，朔方軍的兩位大帥是郭子儀、李光弼，唐肅宗、代宗父子忌憚郭、李二人功勞太大（漢人將領功高震主），因此重用朔方軍的胡人大將僕固懷恩。後來中央建立了自己的武力「神策軍」，相當精良，而神策軍由宦官魚朝恩統領，這才是宦官敢於欺凌蕃將的「後盾」。

杜甫有一首詩針對僕固懷恩，其中兩句：「殿前兵馬破汝時，十月即為齏粉期。」殿前兵馬指的就是神策軍，而僕固懷恩當年九月病逝——杜甫的估計不差，可是詩人不能瞭解軍人被逼反叛的怨氣。

僕固懷恩之叛平定了，可是大唐朝廷的昏庸、腐敗、無能，也被各地軍閥看在眼裡，漸漸不甩朝廷，其中態度最囂張的是同華節度使（同州與華州都在今陝西，距離長安最近）周智光。

一位監軍宦官經過同州，擺出欽差架子，責備周智光軍紀敗壞。周智光對他咆哮：「僕固懷恩本來沒有叛變，都是你們這些狗東西，逼他叛變。我也不想叛變，今天因為你而叛變。」叱令手下將張志斌拉下座位，斬首，屍體剁成肉醬，給將領、士卒一同吞食。（叛變，大家都有份）

周智光最囂張的言論是：「這裡距長安一百八十里，我晚上睡覺時都不敢把腳伸太直，唯恐踹壞了長安城牆。所謂『挾天子以令諸侯』，只有我周智光辦得到。」

終於，唐代宗無法忍受了，下密詔給郭子儀，討伐周智光。

郭子儀派出大將渾瑊、李懷光，駐軍渭水，周智光的部隊聞知，軍心瓦解。大將李漢惠率軍開出同州，向郭子儀投降。周智光被牙將（中級軍官）姚懷、李延俊誅殺，砍下人頭，送去長安。

周智光只是一個沒大腦的武夫，且當時郭子儀還在，所以能輕鬆解決。然而，唐代最跋扈的是河北諸鎮，也就是安祿山的老地盤，之前靠著策反安史將領，平定叛亂之後，將地盤仍然割給了他們。等到郭子儀、李光弼都不在了，藩鎮乃愈益跋扈。

19、河北諸鎮——紅線盜合

僕固懷恩先被逼反，再被剿滅，引起各藩鎮的寒心，尤其是安史舊部的河北四鎮。所謂河北四鎮，包括：昭義節度使薛嵩，治所在相州（今河南安陽市）；盧龍節度使李懷仙，治所在幽州（今北京市）；魏博節度使田承嗣，治所在魏州（今河北邯鄲市）；成德節度使張忠志（後改名李寶臣），治所在恒州（今河北正定縣）。

薛嵩、李懷仙、田承嗣、張忠志都是安史降將，他們心知肚明，僕固懷恩是朝廷「剿賊功臣」尚且有此下場，何況自己是「賊人餘孽」！自己的存在全靠武力支持，所以對擴充軍隊不遺餘力。精銳健卒選為衛士，稱「牙兵」；最精銳的蓄為「養子」，名稱不一，這些軍士只效忠主帥，心中沒有國家。而藩帥之所以這麼做，另一個原因是害怕被刺殺。

最有名的一個故事是「紅線盜合」。

河北四鎮中，最囂張的是田承嗣，兵力最弱的是薛嵩。薛嵩為求奧援，只好跟左近鎮帥結親，薛嵩的女兒嫁給田承嗣的兒子，薛嵩的兒子娶了滑亳節度使（治所滑州，今河南滑縣）令狐彰的女兒。

田承嗣患了「熱毒風」的病，每到熱天就發作，因此經常自言自語：「如果能夠調到太行山的東邊鎮守，一定可以多活幾年。」目標就是併吞薛嵩的地盤——如此一位親家，比敵人還危險。

田承嗣在牙兵中挑選武藝高強的三千人，稱之為「外宅男」——「男」就是兒子，親生兒子在內宅，「外宅男」就是養子，他們的任務就是守衛內宅，每晚派三百人值班。

薛嵩知道這個親家不懷好意，日夜憂悶，經常唉聲嘆氣，卻不知道怎麼辦才好。一天晚上，轅門已關，將要起更，薛嵩仍無法入睡，拄著手杖在庭心踱步，跟隨在身邊的是個名叫紅線的婢女。

紅線問主人為何心煩？

薛嵩嘆了口氣說：「此事關係本州安危，不是妳所能管得了的。」

紅線說：「我雖然地位低微，卻自信能夠替主人消愁解憂。」

於是薛嵩將情況告訴了紅線。

紅線說：「這件事不難處理，主人不必憂愁。請允許我走一趟魏州，此刻一更天動身，五更天就可以回來覆命。請大人準備好一封問候信、一個官差、一匹快馬，其他的事等我回來再說。」

薛嵩聞言，大吃一驚，說：「想不到妳是位奇人，我居然都不知道！可是，萬一事情弄僵掉了，會不會反而更加速致禍？」

紅線說：「我此行必定成功，請主公放心。」

說完，紅線回房整裝，出來只見她頭上梳個烏蠻髻，插一支金雀釵，身穿紫色繡花短襖，繫一條青絲腰帶，足下穿一雙快靴，胸前掛一柄龍紋匕首，額上書寫太乙神名，向薛嵩拜了兩下，倏忽就不見了。

薛嵩回到書房，一個人喝酒等候。平時他酒量不過幾杯，這夜卻連喝數十杯不醉（緊張啊！）。忽然聽到軍營中破曉的號角聲響起，又聽到窗外有一片樹葉飄落（緊張啊！）。卻只見人影一閃，原來是紅線回來了。

薛嵩執起她的手，問：「事情成功了嗎？」

紅線說：「不敢辱命。」

薛嵩：「沒有殺傷人吧？」

紅線：「不至於那樣，我只帶回田親家翁床頭一只『金合』（有蓋子用來裝東西的容器）而已。」

薛嵩詢問經過情形。

紅線描述：「夜半子時前三刻到了魏州城，穿過好幾重門崗，進入田親家翁寢室，只聽到外宅男鼾聲如雷，看見士兵在庭心巡邏。我一直進到床帳跟前，田親家翁睡得正熟，頭靠犀皮枕，枕邊露出一柄七星劍，劍的前面有一只打開的金合，金合裡有紙寫著他的生辰八字和北斗神的名字，上面覆蓋著香料和珍珠。我從睡著的侍女們的頭上，將簪子、耳環都拔下來，再把她們的短襖、長衣都繫結在一起，她們如病如昏，沒有一個人驚醒過來。我便取了金合回來。」

薛嵩聽完，立刻修書，派人送去給田承嗣，說：「昨夜有客人自魏州來，說他在田大帥的床頭拿了一個金合。我不敢留下，恭敬的封起來，送還給您，望請收下。」

使者奔馳一整天，入夜才趕到魏州，敲開城門，請求接見。田承嗣很快就出來，拿到金合，膽戰心驚，差點跌倒在地。

第二天，田承嗣派出使者，帶了三萬匹絹、三百匹名馬，還有其他珍貴禮品，送給薛嵩。並且回信說：「我的腦袋蒙您厚恩才得保留，從今以後，我會改過自新，不再自招災禍，為您奉轂（車後隨侍）揮鞭（車前駕御）。那些外宅男，已經讓他們解甲歸田了！」

消息傳出，一、兩個月內，河北、河南各節度使紛紛派使者來與薛嵩修好。而紅線在任務完成不久，就向薛嵩請求「歸山」。薛嵩設宴為紅線餞行，席間節度從事（中高級的幕僚）冷朝陽作歌，薛嵩親自唱歌送別。

【原典精華】

采菱歌怨木蘭舟，送客魂銷百尺樓。
還似洛妃乘霧去，碧天無際水空流。

——《全唐詩・冷朝陽・送紅線》

冷朝陽其實就是《紅線傳》的作者，紅線盜合是杜撰的故事，但可以體會冷朝陽身處薛嵩幕府的心情——多麼期待能讓田承嗣「膽戰心驚，為薛嵩奉轂揮鞭」啊！

實際的發展卻是，薛嵩死後，昭義軍內部分裂，最後被田承嗣併吞，之後就只剩「河北三鎮」了。

20、涇原兵變——聶隱娘

田承嗣吞併了昭義軍，唐代宗遣使奏問，田承嗣置之不理。代宗生氣了，動員河北、河南九路節度使，加上淮西諸鎮，會討魏博。田承嗣一面分道抵禦，一面上表請罪，再用計離間各路人馬，造成成德軍與幽州軍互攻，諸鎮圍攻魏博不了了之。

平盧節度使（治所淄川，今山東淄博市）李正己掠得魏博一部分地盤，乃上表為田承嗣說項。唐代宗無心追究，只想息事寧人，乃詔復田承嗣官爵。但是如此姑息養奸作風，反而使得各藩帥愈發驕縱。

代宗駕崩，太子李适繼位為唐德宗，在位第三個年號用「貞元」——口氣很大，意在重建貞觀與開元盛世。但事實上，他不但沒能振衰起弊，本身不具實力卻妄圖削藩，因而逼反諸鎮，一度在朝廷之外，出現「四王」、「二帝」，他本人更狼狽逃出長安。

事情的起因，是幾位藩帥相繼去世，他們的子、姪自立為節度使。包括前文提及的田承嗣去世，其姪田悅繼任；成德節度使李寶臣病卒，其子李惟岳自命為「留後」（代理節度使）要求朝廷任命，德宗不准。於是田悅與李正己聯合李惟岳公然造反，但李正己不久即病卒，其子李納乾脆不理朝廷，任命自己為平盧節度使。

德宗聞變，決定大舉討伐，派李晟率領神策軍進討，並詔令各鎮出兵，聯合進剿。官兵剿亂初期成果輝煌，可是各鎮打了勝仗後，都想要領有新地盤，德宗不准所請，由朝廷另派節度使，卻逼反了幾個原本支持朝廷的藩帥。

局勢逆轉，叛軍擊退政府軍，四鎮會盟，一齊稱王：朱滔稱冀王、田悅稱魏王、王武俊稱趙王、李納稱齊王，共推朱滔為盟主。

德宗徵調駐防在西北的涇原（今甘肅涇川縣，寧夏固原市一帶）兵馬，增援前線。這些邊兵經過京師長安，原本滿懷期待會得到朝廷賞賜，不料當時國庫空虛，竟一無所給。負責供應軍糧的京兆尹王翃，提供的食米中甚至摻有沙子，這下子軍隊譁然，開罵：「吾等將赴戰場效死，吃都吃不飽，如何能以微軀拒白刃！聽說宮中瓊林、大盈兩庫充滿金銀布帛，我們何不取之，以圖富貴！」

兵眾鼓譟吶喊，回頭攻向長安。長安城防措手不及，亂兵湧入，一片大亂，唐德宗倉皇逃往奉天（今陝西乾縣）。

亂兵在長安城內找到一位老長官，曾任涇原節度使的太尉朱泚，朱泚正是叛軍盟主朱滔的哥哥，當天就進入皇宮即位稱帝，國號「秦」，後來又改為「漢」，並派出使節，封朱滔為皇太帝。

朱泚親自領軍攻打在奉天的唐德宗，不能取勝；在東方作戰的李懷光、李晟率軍西歸勤王，朱泚不敵，退回長安。

唐德宗這時下了一道歷史上著稱的〈罪己詔〉，除了深自檢討（自責「朕實不君」），並赦免東方叛軍（四王）。

罪己詔頒下後，王武俊、田悅、李納三人主動取消王號，上表謝罪。只有中途加入叛軍的淮西節度使李希烈不奉旨，反而在汴州稱帝，國號「大楚」——這時候，天下有三個皇帝：大唐皇帝李适、大秦皇帝朱泚、大楚皇帝李希烈。

唐德宗寵信的權臣盧杞與李懷光不睦，使得李懷光一度跟朱泚聯合。但朱泚與李懷光旋即翻臉，李懷光一怒而走，渡河襲據河中。

形勢再度逆轉，神策軍李晟與渾瑊克復長安，朱泚逃走，被部將誅殺，人頭獻至長安，德宗也回到京城。不久之後，李懷光也兵敗自殺。

唐德宗問宰相陸贄：「東方之賊該怎麼辦？」

陸贄說：「諸藩氣奪勢窮，必有內變，可以不戰而屈。」於是政府軍採穩紮穩打戰略，下令四方州鎮「合圍封鎖」，不積極迫進。果然，李希烈眾叛親離，被部將陳仙奇毒殺。

德宗回過神來，開始秋後算帳。

在德宗流亡奉天期間，長安城內的士人有對朱泚諂媚拍馬屁的，也有心向故主卻不敢明言的。最忠烈的一位是太常少卿樊系之，他受命起草朱泚的即位冊文，心裡不想寫，可是又不敢不寫，怕連累親族。結果他在寫完以後，仰藥自盡。

樊系之的朋友嚴巨川為此感慨作詩：

【原典精華】

煙塵忽起犯中原，自古臨危道貴存。
手持禮器空垂淚，心憶明君不敢言。
落日胡笳吟上苑①，通宵虜將醉西園①。
傳烽萬里無師至，累代何人受漢恩①。

——《全唐詩・嚴巨川・感事》

當時有一位「風情女子」李季蘭，上了很多詩給朱泚，全是阿諛之辭。德宗將她抓來，責備她說：「妳怎麼不學學嚴巨川呢？」下令當庭撲殺。

這就是「有心振作」的唐德宗作風：沒有實力卻躁進惹來叛亂；平定叛亂卻又姑息養奸；姑息藩帥卻只會對弱女子開刀。於是乎，藩帥就更囂張了。藩鎮之間，為了搶地盤，派刺客行刺的事件，更屢有所聞。有一個唐人傳奇（小說）以這一段時期為背景，也就是被拍成電影的〈聶隱娘〉。

聶隱娘是魏博大將聶鋒的女兒，十歲時被一個尼姑帶走，五年後又被送回來。隱娘對父母述說這五年的經歷：

「師父帶我到一個大石穴，跟另外兩個女孩一起學登山爬樹，漸漸覺得身輕如風。一年後，用劍刺猿猴，百無一失；後來刺虎豹，也能割下牠們的頭取回。三年後，能飛，用劍刺鷹隼，絕不失誤。天天練劍，師父最初給的一把二尺長的劍，已經消磨掉五寸。

①上苑：上林苑，西漢皇帝林園。西園：東漢皇家御花園。皆是以漢喻唐。

「第四年，可以大白天在大街上刺殺一個人（那個人惡貫滿盈，死有餘辜），沒有任何人看見。第五年，師父叫我去刺殺一個殘害人民的大官，我伏在他屋梁上，直到深夜才提著他的頭回來。師父問：『為何這麼遲？』我說：『那賊官跟一個孩子逗玩，孩子可愛，不忍心立即下手。』

「師父後來為我打開腦後，將一支三寸羊角匕首藏在裡面，不會受傷，要用時，一拍便可以取出來。然後送我回來，臨別說：『我們二十年後方可再見一面。』」

聶鋒聽了這番話，很害怕。以後每到晚上，隱娘就不見了，到天亮才回來，聶鋒也不敢過問。

隱娘後來自己選了一個男子作丈夫，而魏博節度使（小說沒提姓名）也略聞聶隱娘有奇才異能，乃重金聘用他們夫婦為近侍。節度使跟陳許節度使劉昌裔不和，教隱娘去取他的首級，隱娘便和丈夫一同前往許州（今河南許昌市）。

劉昌裔善占卜，算到聶隱娘要來，便吩咐手下一員將官，說：「明天一早，你到城北去等候，看見一男一女分騎一白一黑兩頭驢子，你就上前對他們作揖，說我要見他們，專程派你去迎接。」

將官奉命前往，果然遇見兩人。聶隱娘說：「劉僕射（劉昌裔的最高官銜）真是奇人！我們願意去見劉公。」

劉昌裔見到兩人，隆重招待、厚加慰勞。隱娘一方面覺得不好意思，一方面明白劉昌裔比魏博節度使優秀，於是自請留下。

劉昌裔問她，需要些什麼？

隱娘說：「每天兩百文銅錢就夠了。」

過了一個多月，隱娘對劉昌裔說：「魏博大帥不肯甘休，一定會再派人來行刺。今天晚上，待我剪一綹頭髮，用一條紅綢紮了，送去他的枕頭邊，以示我不回去了。」

四更天，聶隱娘回來，對劉昌裔說：「信已經送去了，可是他懷恨在心，後天晚上他會派精精兒來殺我，並且要割您的頭。到時候我自有辦法殺他，請您放心。」劉昌裔豁然大度，沒有顯示害怕的樣子。

到了那天晚上，節度府燈火通明。半夜之後，果然見到有兩面幡旗，一紅一白，在劉昌裔的窗戶四周飄來盪去，好像在互相攻擊。過了一會兒，只見半空中跌下一個人，腦袋和身子已經分家。聶隱娘也現出身形，說：「精精兒已經被我殺死了。」她把屍體拖出外面，用藥將之化為水，連毛髮都不留。

隱娘說：「後天晚上，魏帥還要派妙手空空兒來行刺，空空兒的本領神奇，我不是他的對手，只能看僕射的福氣了。僕射可用于闐美玉圈住脖子，記得被子要蓋住玉。我想要隨侍近身而不被他發現，只有變成一隻小飛蟲，躲在您的肚腸裡。除此之外，我也沒有其他避禍方法。」

劉昌裔照她的話做，到了三更，仍睡不著，只聽得脖子上叮噹一聲，非常響亮。這時，聶隱娘從劉昌裔口中跳出，向他賀喜道：「僕射安了！此人自視奇高，一擊不中，自覺羞恥，就此離去。他矯健如鷹，不到一個更次，已經飛到千里之外。」劉昌裔檢視脖子上的玉，果然有匕首割過的痕跡，有好幾分深。

〈聶隱娘〉的作者裴鉶是晚唐士人，經歷好幾個藩鎮幕府，因而能聽到很多各鎮之間的恩怨情仇，他的著作〈傳奇〉流傳久遠，以至於書名竟成為唐人小說的代稱。

至於真實的劉昌裔，因擊敗抗命的淮西節度使吳少誠，而受封為陳許節度使。可是他無意割據一方，後來交出地盤，到長安做京官。而吳少誠後來復叛，屢次擊敗招討官兵，德宗一概採姑息安撫之策，河北諸鎮見朝廷無能，又復驕肆。

21、李錡與杜秋——勸君莫惜金縷衣

唐德宗有心重振朝廷威望，卻落得逃難出京，他在位二十一年，藩鎮反而更跋扈。他死後，繼位的唐順宗因病不能臨朝，半年後就傳位給太子李純，是為唐憲宗。

唐憲宗用了幾位宰相杜黃裳、裴度、武元衡都是強硬派。杜黃裳認為，國家如欲整頓綱紀，非以法度制裁藩鎮不可，憲宗深以為然。

剛好，西川節度使（治所今四川成都）韋皋病卒，節度副使劉闢自稱留後（代理節度使），上表求節鉞（朝廷正式任命的信物）。憲宗評估情況，認為是大好機會，乃不准所請，並召劉闢入朝。果然，劉闢拒不應召，更發兵攻打東川節度使（治所今四川三台縣）李康。憲宗於是派神策軍使高崇文入川，八戰八捷，俘虜劉闢，解往長安斬首。

緊接著，夏綏節度使（治所今陝西榆林市）韓全義入朝，自行發表他的外甥楊惠琳為留後。憲宗改派李濱為節度使，楊惠琳竟勒兵拒命，憲宗乃命河東、天德兩鎮發兵討伐，楊惠琳最終被其部將所殺，首級送到長安。

以上都發生在憲宗即位第一年，楊惠琳則在第二年伏誅。這兩件事情下來，朝廷聲威為之一振，然後就發生了李錡事件。

李錡是鎮海節度使（治所今江蘇鎮江市），祖先是唐高祖李淵的堂弟李神通，在唐朝開國期間戰功彪炳。李錡本身有才幹，兼以轄區富庶，兵力強盛，又恃祖先功勞及皇室近親，素稱驕縱。他的貼身衛隊稱為「挽硬隨身」，個個能挽百石硬弓，且箭術精良；另有一支胡人勁旅稱「蕃落健兒」，都喚李錡為「假父」。

有人上表檢舉李錡謀反，憲宗徵詢宰相們意見，李吉甫建議徵召李錡入朝。李錡在長安的眼線飛報，於是李錡上表「自請入朝」，但這其實只是緩兵之計，李錡事實上遲遲不上道。憲宗起初批准李錡之請，見他沒有誠意，於是三番遣使催促，李錡仍託病不行。

憲宗再問宰相意見，武元衡說：「李錡自請入朝，已經批准，如果他可以說不來就不來，以後朝廷將如何節制四海？」

於是，憲宗下詔，發表李錡為宰相，要他即刻入京，另派節度使。這下子李錡起兵造反了。

李錡派手下三名兵馬使張子良、李奉先、田少卿，率三千兵馬攻擊宣州（今安徽宣城市）。三人看出李錡必敗，於是倒戈相向，李錡的外甥裴行立與三將串通，做為內應。裴行立綁架李錡，將他裹起來縋下城牆，交給三將。李錡跟兒子以囚車送往長安，父子一齊腰斬處死。

李錡在解送途中，撕裂衣服，在布條上自訴冤情，教一名侍婢藏在內衣裡，說：「我死了，妳一定會被徵收進皇宮。妳若有機會，就拿布條給皇帝看，為我申冤。」

果然，憲宗後來看到了這份帛書，下詔准許京兆尹為李錡父子收葬。

李錡為什麼那麼有把握，那名侍婢會被徵收入宮？因為那名侍婢歌藝了得，還會自己作詞作曲，她的名字叫做杜秋，流傳下來一首名詩：

【原典精華】

勸君莫惜金縷衣，勸君惜取少年時。
花開堪折直須折，莫待無花空折枝。

——《唐詩三百首．杜秋娘．金縷衣》

線上影音
掃描QR Code
聽公孫策說書

金縷衣指的是「金縷玉衣」，古代尊貴的人死後，以金線編織玉板織成壽衣，穿在身上入葬。詩文意旨在勸人不要只顧追求地位、名聲、財富，應該把握生命的精彩。否則等到「穿上金縷玉衣」，可就「無花空折枝」了，很可惜。李錡懂得欣賞杜秋的美貌、歌藝與文才，卻未能體會詩中深意。

李錡伏誅後，朝廷聲威更盛。同時，河北諸鎮內部各自都發生了權力鬥爭，內部矛盾無法克服，覺得不如將權力交還朝廷。於是魏博節度使田弘正率先「歸命」：請朝廷直接委署官吏。

這是一個重大的激勵，好幾位藩帥先後跟進。一時間，似乎朝廷又能號令四方了，史稱這一段為「元和中興」。

22、宰相遇刺——還君明珠雙淚垂

前文述及，藩鎮入朝其實是因為大家都打不動了，有默契的暫且休兵，對朝廷則是態度上維持恭順，實質上仍然是割據局面。全國四十八個藩鎮，十五鎮完全不向朝廷申報戶口（也就是不納貢），只有八鎮照規矩納貢入賦，其餘雖納貢，但不能維持正常。

最跋扈囂張的是淄青（治所在今山東淄博市）節度使李師道。原淄青節度使李師古病逝，部下將校擁立他的異母弟李師道為留後，當時朝廷正在討伐西川（劉闢），無力顧及東方，只好發表李師道為節度使，避免兩頭生事。

之後成德節度使王士真去世，其子王承宗自立為留後，想要援李師道之例，憲宗不准，徵召河北、河南諸鎮討伐王承宗，打得各鎮師老兵疲，於是上表歸命。而始終未入朝的李師道，因此充滿不安全感。

之後朝廷討伐淮西（治所在今河南汝南縣，過程詳情下章敘述），調動十六鎮兵力，卻獨漏淄青。

在此之前，李師道曾數次上表請朝廷赦免淮西節度使吳元濟，如今大軍集結河南，一旦平定淮西，恐怕對淄青不利。於是李師道派大將領兵三千，開往壽春（今安徽六安市），聲稱支援官軍作戰，其實是防衛淄青。

李師道蓄養了數十位江湖豪傑，這些人向他獻策：「用兵所急，莫先於糧草。如今江淮儲糧都屯在河陰，何不派出突擊隊去燒糧倉？另外招募無業遊民與惡少、劫掠東京洛陽、焚燒宮闕。讓朝廷忙於搶救心腹重地，亦可視為支援淮西的奇兵。」

李師道採納了這個奇計，招募流氓、盜賊，燒糧倉、劫都市，再收買長安的官員、士人，上書請求「停止征伐，與民生息」。

可是憲宗不同意，因為此時朝廷內主戰派當道，以兩位宰相：武元衡和裴度為核心，武元衡並主持對淮西的軍政大局。

李師道的江湖門客再提建議：「天子之所以堅持征伐淮西，全都因為武元衡，何不派出刺客前往京師，刺殺武元衡。武元衡一死，其他人必定為之膽寒，就會勸皇帝罷兵。」

李師道認為此計甚佳，重金懸賞，激勵刺客出任務。

長安城的某一天清晨，天色未明。宰相武元衡上朝途中，刺客突然出現，向車隊射箭攻擊，武元衡的隨從一下子跑光光。刺客抓住武元衡的坐騎，拖行十餘步，殺了武元衡，更割下頭顱逃逸。

另一位宰相裴度同時遇襲，飛刀射傷了裴度的頭部，裴度從馬上跌落，墜入道旁溝中，幸虧裴度的氈帽很厚，逃過一死。裴度的一位隨從王義自後方抱住刺客，並大聲呼喊，刺客斬斷王義的手臂，揚長而去。

【原典精華】

天未明，元衡入朝，出所居靖安坊東門。有賊自暗中突出射之，從者皆散走。賊執元衡馬，行十餘步而殺之，取其顱骨而去。又入通化坊擊裴度，傷其首，墜溝中，度氈帽厚，得不死；傔人①王義自後抱賊大呼，賊斷義臂而去。

——《資治通鑑．唐紀五十五》

線上影音

掃描QR Code
聽公孫策說書

①傔：音「歉」。傔人：隨從。

史書上少見如此逼真的描述，顯然是引用目擊者的筆錄。無論如何，堂堂宰相竟然在京師大街上遭刺殺，長安城因此而沸騰。憲宗下詔，宰相出入都由金吾騎士（皇宮侍衛）隨扈，而且張滿弓、劍露刃。大官們因此不敢在破曉前出門，甚至有時候皇帝上朝許久，朝班仍未到齊。

刺客甚至在中央、地方衙門留字條：「別急著追捕我，否則我先殺你！」因此追捕者只敢虛應故事。

兵部侍郎許孟容看如此情形太不像話，於是上書：「自古未有宰相橫屍路邊，而兇手卻抓不到的，這是朝廷的恥辱。」更跑到中書省（宮廷秘書處）流涕請求：「請起用裴度為宰相（當時養病中），全面搜索賊黨，並揪出幕後黑手！」

於是憲宗下詔，全面搜捕兇手與賊黨，抓到正犯的，賞錢萬緡，官居五品；膽敢庇護藏匿者，誅全族。長安城因此被「翻」了一遍，達官貴人家中，牆壁有夾層、屋子有閣樓的，都被撬開。

這件超級大案最後以「頂罪」收場：經人「密告」，捕得八個「兇手」，全部「認罪」，並指稱是成德節度使王承宗派來的，就此結案。一直到田弘正入朝（前章述及），才說是李師道幹的。

那時候，淮西已經討平，王承宗與李師道都奉表納貢，卻又反悔。朝廷派李遜去接收李師道「自願削減」的三個州（原有十二州），李師道卻將軍隊「列陣迎接」。李遜只好很「遜」的回到長安，向皇帝報告：「李師道反覆無常，必須用兵。」

憲宗再發動諸鎮聯軍討伐李師道。李師道起初還能挺住，後來部將叛降、軍士動輒嘩變要賞，各鎮軍閥趁機蠶食他的地盤。李師道憂悸成疾，終於病死，腦袋被部將割下來，送給田弘正。

抗命長達五十四年的淄青被朝廷「收復」，不但各節度使紛紛入朝，甚至各鎮兵馬也有改由朝廷派任的刺史領率者，這是「元和中興」的最高潮。

李師道氣燄最高的時候，除了地盤上兵強馬壯，更不惜花錢收買京師士人，其中一位是詩人張籍。張籍有一首膾炙人口的〈節婦吟〉：

【原典精華】

君知妾有夫，贈妾雙明珠。
感君纏綿意，繫在紅羅襦①。

妾家高樓連苑起，良人執戟明光②裡。
知君用心如日月，事夫誓擬同生死。
還君明珠雙淚垂，恨不相逢未嫁時！

——《唐詩三百首．張籍．節婦吟》

這首詩但看字面意思，似乎只是一位已婚婦女拒絕追求者。可是作者張籍在詩題下注解：「寄東平李司空師道」，司空是李師道的最高官銜，可以想見，一位詩人處在武人跋扈的環境下，連拒絕收買都得如此婉轉曲折，真是苦啊！

事實上，張籍跟韓愈是好朋友，與韓愈同為裴度幕僚，自不可能接受李師道餽贈。而裴度總綰征伐淮西，正是下章故事。

①襦：音「如」。羅襦：質地細密的絲衫。
②明光：明光殿，漢朝未央宮四殿之一。本句意思是「忠心於皇帝」。

23、雪夜入蔡州——四夷聞風失匕箸

淮西節度使原本是吳少誠，病卒，部將吳少陽殺其子吳元慶，自立為留後。當時朝廷正對河北用兵，無暇顧及淮西，只得暫時忍耐，發表吳少陽為節度使。吳少陽的節度使只當了五年，病卒，其子吳元濟隱匿消息，自領全部軍務。

吳元濟的大僚、大將都勸他「入朝」，以取得正式詔命，吳元濟將他們殺的殺、囚的囚。同時，吳少陽的死訊也傳到長安，朝廷決定討伐淮西，於是先進行政治作戰，使出兩面手法：一面遣使弔喪（表示知道吳少陽死了），同時加贈吳元濟官銜。吳元濟不是傻子，看懂了朝廷在耍什麼手段，非但不派兵迎接敕使入境，更發兵劫掠敕使途經各縣。使者沒辦法進入淮西，只好回長安報告。

唐憲宗震怒，詔令十六鎮發兵討伐，然後就發生了前章的宰相被刺事件。

宰相裴度遇刺沒死，居家養傷，憲宗命執金吾（皇宮宿衛）守衛他的官邸。有人建議將裴度免職，「以安藩鎮之心」。憲宗大怒，說：「如果裴度下台，是奸人陰謀得逞，朝廷從此再無綱紀可言。我只要重用裴度，就能破二賊之膽。」（二賊指的是吳元濟、王承宗，當時還以為刺客是王承宗派出。）

裴度傷癒，憲宗任命他為首席宰相（之前是二級宰相），召見他，徵詢淮西對策。裴度說：「淮西是腹心之疾，不能不除。而且朝廷既然已經下令討伐，河北、河南諸藩鎮都睜大眼睛在看，這是朝廷態度的指標，不可中止。」憲宗聽了，正合孤意，於是將討伐淮西的調度大權，完全委託裴度。

在此之前，討伐淮西的前線督軍大任交給山南東道節度使（治所在今湖北襄樊市）嚴綬，可是嚴綬不會打仗，只會打開倉庫，犒賞軍隊。徒擁八州之眾，卻好幾年「無尺寸之功」，被裴度痛批。於是調回嚴綬，由裴度直接指揮。

裴度將山南東道分成兩鎮，其中一鎮交給李愬。

李愬去到前線唐州（今河南泌陽縣），軍隊完全沒有士氣，士卒個個都畏戰。李愬先安眾心，說：「天子知道我個性柔懦，能忍受羞辱（戰敗之恥），所以派我來慰問大家。至於上陣進攻的事情，不是我的任務。」於是士卒心安，軍心大定。

李愬親自巡視各軍營，關心士卒的寢食，慰問士卒傷病者。有人提醒他，應該整肅軍紀，李愬說：「我不是不懂，而是之前袁滋（荊南節度使，督導唐州軍事）以低姿態維持和平，賊人（指淮西）都輕視他。我剛到，對方會加強戒備，我是故意不整肅軍紀，等到賊人以為我怯懦，而疏於戒備，那時候才可以採取行動。」

果然，淮西方面放鬆了戒備。李愬心知唐州軍隊已經是喪膽之師，無法打仗，於是請求另外派兵支援。裴度撥給他昭義、河中、鄜坊（三鎮皆久戰之師）的步騎兵二千人。

北方來的生力軍，在巡邏時俘獲吳元濟的斥候軍官丁士良。丁士良是一員驍將，曾經一再擊敗唐州軍隊，因此士眾要求挖他的心。李愬要試丁士良的膽，先准許士卒「挖心」，再召見丁士良——如果丁士良膽怯了，李愬可以從他那裡得到情報。可是丁士良表現得毫無懼色，於是李愬改採不同手法。

李愬滿口誇讚：「真是大丈夫啊！」下令解開丁士良身上的縛繩。

丁士良說：「我原本也不是淮西軍官，而是安州（今湖北安陸縣）軍隊，被吳少陽俘虜，自以為死定了，可是他沒殺我，反而重用我。我因吳氏而再生，所以為吳氏父子賣力。昨天打敗了，被將軍俘虜，也自以為死定了，現在將軍又不殺我，我願意為你效命。」

丁士良自告奮勇：「敵將吳秀琳據守文城柵，那裡是吳元濟大本營蔡州外圍的犄角，吳秀琳的謀主（最重要智囊）是陳光洽。陳光洽勇敢但輕敵，喜歡自己帶兵出戰，我請求先擒陳光洽，則吳秀琳自然投降。」十一天後，丁士良生擒陳光洽回營。於是李愬將大營向文城柵推進，吳秀琳果然表示願意獻出文城柵投降。

李愬大軍進到距文城柵五里的地方，派唐州刺史李進誠率領八千甲士到城下，召喚吳秀琳。城上矢石如雨而下，無法接近。

李進誠回報：「賊人是詐降，不可信。」

李愬說：「不，詐降不會大老遠放箭。他是在等我親自去。」於是親身前進到城下。吳秀琳出城，在李愬馬足之前下跪；李愬下馬，撫著他的背表示慰勞。

這次行動，有二千人投降，唐州、鄧州軍隊為之士氣復振。淮西軍隊陸續有人來投降，李愬派人一一做身家調查，家中有父母的，都發給糧食、布匹，令他們回家。於是，回家的感激涕零，在軍的願意效死。

李愬的軍隊步步為營，向前推進，先在郾城（今河南漯河市）打了一場重要勝仗，至此各鎮軍隊對蔡州已經形成包圍之勢。可是蔡州城內兵多糧足，很難攻克。

李愬徵詢吳秀琳的意見，吳秀琳說：「將軍想要拿下蔡州，非李祐不可。」

李祐，是淮西騎兵將領，作戰勇猛，屢次擊敗官軍。某日，斥候來報，「李祐帶兵到張柴村收割麥子」。李愬命一位中級軍官史用誠：「你帶三百騎兵到樹林中，派人在前招搖旗幟，擺出要燒他麥子的姿態。李祐一向輕敵，必定輕騎來驅逐，你就發動埋伏，務必生擒他。」果然，史用誠生擒李祐回營。唐州將士見生擒仇人，極力要求殺李祐，李愬都不許，並親自為他解縛，極力籠絡。

李愬經常在夜裡單獨召見李祐密談，諸將擔心李祐會有什麼不測之舉，紛紛勸諫，甚至有諜報說：「李祐是賊人內應。」

一天晚上，李愬拉著李祐的手，流著淚說：「難道老天不希望我平定此賊（指吳元濟）嗎？為什麼我倆傾心相交，卻不能杜眾人之口呢？」

接著李愬導演了一齣假戲。他公開對諸將說：「既然大家懷疑李祐，就將他送給天子處置。」然後將李祐加上刑具，送去長安，卻同時以密件上奏真實情況，直陳：「如果殺了李祐，將難以攻克蔡州。」於是，憲宗下詔釋放李祐，送他回到淮西前線。李愬做出狂喜表情，拉著李祐的手：「你沒事，真是神靈得祐，國家之福啊！」任命他為散兵馬使（節度使轄下的一級指揮官，但不統領部隊），配刀巡視各營，並得出入主將營帳。晚上兩人同宿一帳，整晚密語到天亮，有人在帳外竊聽，常聽到李祐感激的哭泣聲。

可是，蔡州仍然防守得像一個鐵桶般。討伐軍來自九個藩鎮，四年攻不下來，轄區內牛馬都去運輸軍糧，人民只能用驢子耕田，各鎮師老民疲。

憲宗問宰相們的意見，多數都主張停戰，只有裴度不說話。憲宗問他意見，裴度說：「我自請前往督戰。」

三天後，憲宗再問裴度：「你真的肯為朕走一趟嗎？」

裴度說：「以我的觀察，吳元濟已經勢窮力蹙，可是前線諸將卻心志不一（各懷打算），以致未能併力施壓，吳元濟才能撐到今天。如果我（宰相）親自去到前線，諸將怕我搶他們的功勞，一定爭相前進破賊！」

憲宗聞言大悅，任命裴度為彰義節度使，事實上那是淮西節度使另外一個名稱，意味著：吳元濟一旦投降，地盤將是裴度的。這一招大有用，裴度駐紮郾城，各軍都整軍蓄勢待發。

最用力的當然還是李愬。

李祐建議李愬：「蔡州精兵大半駐守洄曲險要，其他分派外圍城池，州城內其實只有老弱兵卒。可以奇兵突襲州城，等賊將得到情報，吳元濟已經就擒了。」

李愬同意，派人將計畫向裴度報告。

裴度說：「軍事非出奇不勝，這是一個好計畫。」

九天後，大雪。李愬命史旻留守文城柵，命李祐率三千人為先鋒，自己領三千人為中軍，李進誠領三千人殿後。

軍隊請示「往哪去」，李愬下令：「不許多問，就往東方前進。」人馬推進六十里，天色已黑，進入張柴村，將守衛與烽子（負責舉烽火的士卒）殺光。部隊暫時休息進食，留五百人防守寨柵及諸橋梁，以斷洄曲軍隊來援。

然後李愬下令諸軍出柵門。

諸將問：「去哪裡？」

李愬說：「入蔡州城，擒吳元濟！」

諸將一個個大驚失色。監軍宦官哭著說：「果然落入李祐的奸計！」

【原典精華】

復夜引兵出門，諸將請所之，愬曰：「入蔡州取吳元濟！」諸將皆失色。監軍哭曰：「果落李祐奸計！」

——《資治通鑑・唐紀五十六》

黑龍江
吉林
內蒙古自治區
寧夏回族自治區
遼寧
北京市
天津市
河北
山西
山東
肅
陝
西
河南
江蘇
安徽
上海市
四川
湖北
重慶市
浙江
湖南
江西
貴州
福建
台北
台
灣
雲南
廣東
廣西壯族自治區
澳
門
香
港
香港特別行政區
澳門特別行政區
海南

23、雪夜入蔡州——四夷聞風失匕箸

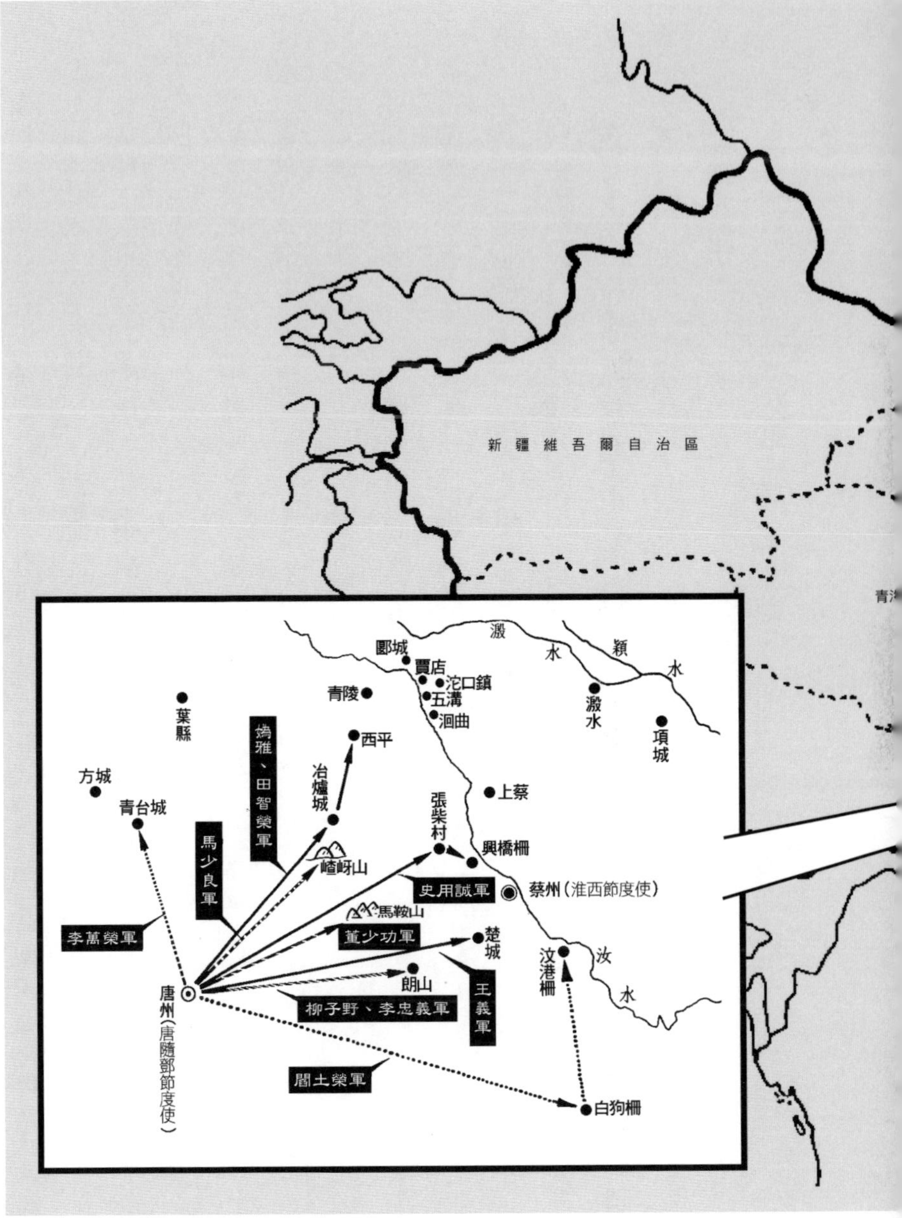

當時大風雪，旌旗都凍裂，人馬凍死的也不少，那段路是官軍從來沒到過的，人人都以為「這下死定了」，可是沒有人敢違抗命令（開小差也是凍死一途）。

就這樣，大軍走了七十里，到蔡州城下。附近有個鵝鴨池，李愬命人追擊鵝鴨，讓畜生的鳴叫聲掩護大軍。

蔡州城果如李祐所言，幾乎沒有防備（因為已經有三十二年無戰事）。李祐搶先登上城樓，盡殺守城軍士，卻留擊柝（打更）人員，命令他擊柝如常。

就這樣，蔡州城門大開，李愬大軍入城。

直到破曉雞鳴，雪停，吳元濟被叫醒，說：「官軍進城了。」起初他還不信，後來才帶著侍衛，登牙城（主帥居住的內衛小城）抵抗。然而，大勢已去，吳元濟只好在城上請罪，李進誠架梯子讓他下來，裝在檻車裡，送往長安處斬。

當時，淮西還有精兵萬餘在洄曲，將領是董重質。李愬入城後，首先「造訪」董重質的家，安撫董家人情緒，然後教董重質的兒子董傳道帶著書信去洄曲，於是董重質單騎請降。李愬對蔡州軍民，不殺一人，所有軍、政人員都復原職，蔡州人心大定。這時，才派人去請裴度到蔡州。

詩人劉禹錫做了三首詩歌頌此役，茲錄其中一首：

【原典精華】

九衢車馬渾渾流，使臣來獻淮西囚。
四夷聞風失匕箸，天子受賀登高樓。
妖童①擢發不足數，血污城西一抔土。
南峰無火楚澤②間，夜行不鎖穆陵關③。
策勳禮畢天下泰，猛士按劍看恒山④。

——《全唐詩・劉禹錫・平蔡州三首之一》

詩中所稱「四夷聞風失匕箸」，說的是韓愈對裴度的建議。

①妖童：指吳元濟，三十二歲造反，死時才三十五歲。
②楚澤：楚地在今湖北，古時為雲夢大澤。
③穆陵關：位於今山東臨沂市，古齊長城要隘。
④恒山：五嶽中的北嶽，在今山西。楚澤無火、穆陵關不鎖、猛士按劍都是形容四方太平。

裴度出征時，帶著韓愈同行，職位是行軍司馬（等同參謀長）。淮西平定後，一位平民知識分子柏耆，向韓愈獻策：「吳元濟就擒，王承宗必定為之破膽，我願得裴宰相一封信，前往遊說王承宗。」

韓愈向裴度報告，裴度就寫了一封信，交給柏耆去遊說成德節度使王承宗。結果，王承宗交還德、棣二州，幽州節度使劉總也向朝廷輸誠——藩帥聞風喪膽。「失匕箸」是借用曹操與劉備「煮酒論英雄」典故，驚到手中筷子都跌落！

可是，詩中那句「策動禮畢天下泰」卻不盡然。元和中興使得藩鎮一時順服，可是朝中那些文人，一旦四方無戰事，就開始拉幫結派，黨同伐異，爭權奪利。

平定淮西的論功行賞，也成為了黨爭的題目，而且還是韓愈引起的。

24、碑文惹風波

——韓愈雪擁藍關馬不前

平淮西的統帥是裴度，雪夜奇襲蔡州、生擒吳元濟的李愬應居首功。大軍凱旋，憲宗命隨軍出征的韓愈撰文，立一座「平淮西碑」。

韓愈在碑文中大力捧抬裴度，可是對李愬卻只著墨寥寥數語。李愬的部將都為此憤憤不平，一位將領石孝忠騎馬將石碑拉倒，還用重錘將石碑打碎，甚至還打死了前來阻止的官吏。

石孝忠闖了禍，自動投案，他上表憲宗：「李愬本人沒有一句怨言，但若不幸再出一個吳元濟，韜略才能如李愬的將領，還有人肯為陛下效命嗎？」李愬的妻子是憲宗的表妹（姑媽的女兒，封唐安公主），也當面向皇帝表哥訴冤。

憲宗於是下詔，將碑文磨去，指定翰林學士段文昌另撰一文，刻上石碑，重新樹起。

這場風波當時算是平息了，可是文人相輕，再加上黨同伐異，以至於餘波蕩漾。

韓愈是當時古文運動泰斗，他用散文體寫碑文，而段文昌則用四六駢體寫碑文。因而文人之間口耳相傳，將段文昌的文章評得一文不值。（作者按：甚至到北宋蘇東坡還有詩句：「千古殘碑人膾炙，不知世有段文昌。」清朝人更貶抑段文昌的文章是「蛙鳴蟬噪」。）

段文昌對此當然銜恨在心，可是裴度聖眷正隆，只能忍氣吞聲。直到隔年，憲宗任命兩位新的宰相皇甫鎛、程異，此二人聯手排擠裴度，必先「翦其羽翼」，而頭號目標就是裴度的文膽韓愈，偏偏韓愈此時又惹毛了皇帝。

唐憲宗篤信佛教，下詔迎接佛骨舍利（藏在長安法門寺地宮，曾來台灣展覽）入宮奉養。由於每次迎、送佛骨都盛大排場，耗費鉅萬，而當時為了四方用兵，朝廷財政拮据，韓愈因此上表勸諫。問題出在他的表文中，有一句「佛乃夷狄之人」，這句話卻觸及唐朝李姓皇室最大的忌諱——自李淵開始，就強調是老子李耳的後代，以淡化李氏其實有超過一半的胡人血統。

憲宗為此發怒，段文昌乃藉機火上加油，皇甫鎛接著見縫插針，於是韓愈詔貶為潮州（今廣東潮州市）刺史。

韓愈由長安往南行，穿越秦嶺山脈，時值農曆正月，寒風大雪，馬不能行，荒山野地只見白茫茫一片。韓愈饑寒交迫，正在萬念俱灰之時，忽有一人「掃雪而來」，一看居然是他的姪孫韓湘。

叔公問姪孫：「這是什麼地方？」

韓湘說：「這裡就是『藍關』，您還記得那朵花上的兩句詩嗎？」

韓愈想起來了。

有一年，大旱，韓愈奉旨到南壇祈雨雪，可是行祀多次，天不降雨雪。正恐無法交差，聽說有一個道士在大街上揚言，能祈得天降大雪。韓愈趕緊派人去請，來了才發現是自己的姪孫韓湘，還曾經因為好修道不愛讀書，被自己斥責為不務正業。但既然來了，就讓他試試。

於是韓湘登壇作法，不多久，天降鵝毛大雪，積雪三寸方停。

不久後，韓愈過生日，冠蓋雲集，韓湘翩然而至。韓愈在席間考校姪孫，要他即席作詩，韓湘吟詩自詡「能開頃刻花」，並且現場表演：聚土成堆，頃刻間土中冒芽生葉，開出一朵牡丹般大的碧花，花上還有兩行金字：「雲橫秦嶺家何在？雪擁藍關馬不前。」

韓愈問那兩句是什麼意思？

韓湘說：「天機不可洩露，日後自會應驗。」說完，飄然而去。

叔姪二人在藍關相遇時，韓湘已經得道，也就是八仙中的韓湘子。他為韓愈在大雪中開路，找到投宿的地方。韓愈感慨萬千，對韓湘子說：「既然有此定數，我將你那兩句補齊全詩。」

【原典精華】

一封朝奏九重天，夕貶潮陽路八千。
欲為聖明除弊事，肯將衰朽惜殘年？
雲橫秦嶺家何在？雪擁藍關馬不前。
知汝遠來應有意，好收吾骨瘴江邊。

——《唐詩三百首．韓愈．左遷至藍關示姪孫湘》

線上影音

掃描QR Code
聽公孫策說書

韓愈後來並沒有勞動韓湘子到潮州為他「收骨」，他在潮州政聲不錯，並親自上表陳述委屈，裴度當然為他講好話，因而憲宗一度有意召回韓愈。可是皇甫鎛豈能讓「裴黨」得逞？他對皇帝說：「韓愈終究過於狂放粗疏，還是調任他州，磨一磨他的性子。」於是韓愈調任袁州（今江西宜春市）刺史。

這個過程中，裴度外放河東節度使，皇甫鎛拉他的同年（同榜及第進士）令狐楚為宰相。隔年，憲宗駕崩，太子李恆（穆宗）繼位，皇甫鎛被貶為崖州（今海南儋州市）司戶，那年十二月就死了，而韓愈則被召回長安，任命為兵部侍郎（次長級）。

一代文豪處在如此一個紛亂年代，軍閥、政客、宦官大玩他們的權力遊戲，文學家處身權力場中，身不由己，只能隨之浮沉，雖有才能卻常嘆「雪擁藍關馬不前」，難以施展。

有名的「牛李黨爭」就從唐穆宗元年開始，前面提及的段文昌、裴度、令狐楚等人，都不免於被捲入黨爭。好的是，韓愈調回長安後，第四年病逝於家，後來的朝廷黨爭，他都沒有被捲入。

第三篇

牛李黨爭

25、臨江之麋——柳宗元・江流曲似九迴腸

藩鎮跋扈是大唐帝國由盛轉衰，終至滅亡的「致命外傷」，至於帝國中央政府內部，另有一個「內傷」，就是黨爭。唐代黨爭兩派代表人物分別為牛僧孺與李德裕，因此後世稱之為「牛李黨爭」。

牛李黨爭持續四十年，那一段時間的士大夫，幾乎都不免被捲入。原因無他，當兩黨壁壘分別時，人在官場，就沒有不表態的自由，否則就會被孤立。間或有一、二人實際上並未涉入，卻因為遭到來自雙方的排擠，其遭遇甚至更倒楣。這類人當中，劉禹錫是一個，柳宗元是另一個。

柳宗元與劉禹錫在官場出道很早，在短命皇帝唐順宗李誦時，一度進入權力核心，一群改革派也做出了不少改革，史稱「永貞革新」。可是那些改革卻壞了宦官的財路，唐憲宗繼位後，就將八個核心人物通通貶放外州為司馬，時人稱之為「八司馬」。

柳宗元被貶去永州，有名的「永州八記」就是那時候的作品，他在永州還寫了幾則寓言，其中最為人熟知的是〈黔之驢〉（成語「黔驢技窮」的典故），而最能反映柳宗元心情的則是〈臨江之麋〉：

臨江地區的獵戶，獵殺了一隻母麋，將牠的幼麋帶回畜養。一進家門，獵戶家中的獵犬看見「鮮肉」來了，一隻隻垂涎搖尾而來，獵戶將牠們趕開。養了三年，獵犬畏懼主人，對著幼麋只敢暗吞口水；幼麋卻以為，群犬與牠旦夕嬉戲，是天生的好朋友。終於有一天，長大的麋走出家門，看見街上其他獵戶家的群犬，就上前想要跟牠們嬉戲。那些獵犬見到麋，一擁而上，分而食之——那隻麋「至死不悟」！

柳宗元自況為「不知政治險惡的麋」，事實上也是「至死不悟」：十年後，他們一夥被召回長安，卻因為劉禹錫作詩得罪當道，又通通再貶放外州。這一次，柳宗元到了柳州（今廣西柳州市）當刺史，他寫了一首詩寄給另外四位刺史：

【原典精華】

城上高樓接大荒，海天愁思正茫茫。

驚風亂颭①芙蓉水，密雨斜侵薜荔②牆。
嶺樹重遮千里目，江流曲似九迴腸。
共來百越文身地，猶自音書滯一鄉。

——《唐詩三百首・柳宗元・登柳州城樓》

五位「同黨」分別貶到福建、廣東、廣西，那時候還都是蠻荒之地，所以用「百越文身地」統稱。而詩中「江流曲似九迴腸」，則是引用《史記》作者司馬遷的典故：司馬遷觸怒漢武帝，為了完成《史記》，甘願接受宮刑（破壞陰囊和睪丸）。他後來寫信給好朋友任安，述說忍辱負重的滋味是「腸一日而九迴」——腸內整天絞痛，但外人卻難以體會。

柳宗元是唐宋八大家之一，同為文學家受政治迫害，他看到城外江水蜿蜒曲折，於是體會司馬遷「腸一日而九迴」的痛苦——那正是黨爭最壞的影響：再好的人才，只要不是同黨，就必然「以人廢言」。這樣的結果是什麼？是人才不能為國所用，甚至受迫害顛沛流離，柳宗元只是眾多人才中的一個而已。

①颭：音「展」，風吹浪動。
②薜荔：薜音「必」。薜荔是一種常綠蔓莖灌木，與「愛玉」同種，但愛玉多見於低海拔，薜荔多在中海拔。

人才隨黨爭而浮沉，政策因黨爭而變改數易，朝政原地打轉，外放的官員一心只想回京，地方行政為之荒廢，所造成最直接的後果就是稅收大減，中央更無力對付藩鎮。唐文宗李昂（憲宗的孫子）為之喟嘆：「朝廷的黨爭，比河北的藩鎮更難去除！」

【原典精華】

李德裕、李宗閔各有朋黨，相互擠援①。上患之，每嘆曰：「去河北賊易，去朝廷朋黨難。」

——《資治通鑑・唐紀六十一》

牛、李兩黨相互排擠，彼此都稱對方為「小人」，稱自己為「君子」。事實上，兩黨的主事者基本上都不是小人，可是朋黨中卻多得是小人，讀者看下去就明白了。

① 擠援：異己則排擠之，同黨則援引之。

26、身不由主——元稹．曾經滄海難為水

唐穆宗喜歡文學、書法。他將書法家柳公權由夏州（今陝西靖邊縣），調回長安任翰林學士，在一次召見時，穆宗問柳公權：「你的書法怎麼寫得那麼好？」柳公權回答：「用筆如用心，心正則筆正。」穆宗知道他是以書法為喻，表達諫諍，臉上露出敬意。

【原典精華】

上問公權：「卿書何能如是之善？」

對曰：「用筆在心，心正則筆正。」

上默然改容，知其以筆諫也。

——《資治通鑑・唐紀五十七》

唐穆宗喜歡的詩人是元稹，他將元稹調升為祠部郎中（相當司長級），後來再調翰林學士，與前文述及的段文昌，及另一位名詩人李紳（名句「誰知盤中飧，粒粒皆辛苦」的作者）為同事，彼此感情很好。

穆宗即位的第一次貢舉（全國性入仕資格考試），主考官是楊汝士、錢徽，段文昌與李紳都私下寫信給錢徽，推薦自己的學生、子弟，可是榜單一貼出來，兩人請託的考生通通沒有錄取。而進士及第者，好幾人是其他大官的子弟，如諫議大夫鄭覃的弟弟、裴度的兒子、中書舍人李宗閔的女婿，甚至包括主考官楊汝士的親弟弟，引起極大反彈。

於是段文昌向皇帝報告：「今年禮部大考，非常不公平，錄取的都是權貴子弟，沒有才藝，只靠打通關節！」

唐穆宗問其他翰林學士對此事意見，元稹、李紳、李德裕都說：「確實如段文昌所言。」穆宗於是下詔換一組考官重考，並將楊汝士、錢徽、鄭朗、李宗閔等十人流放外州。

這一場考試有沒有不公？有。這些人該不該受處分？該。問題在於，那些告狀的，其實是關說不成的！於是有人慫恿錢徽，將段文昌、李紳等人的請託信件上呈，皇帝就能瞭解實際情形。

錢徽不同意這麼做，說：「只要問心無愧，得失又算什麼，怎麼可以公布別人的私函？這豈是士君子應有的作為！」將所有請託信通通拿出來，一把火燒了。這件事得到當時人們的稱讚。

所謂「人們」，指的是士人圈子。隋唐雖說對魏晉南北朝的「九品中正」做了改革，代之以科舉，可是士人之間相互標榜、請託的風氣卻不能完全革除。而錢徽如此作為，其實是士人圈子「內醜不外揚」的示範，以今天社會標準，實不足取。

事實上，錢徽不記仇，其他人卻記仇。這起事件被視為「牛李黨爭」的始因，此後四十年間，兩黨傾軋就沒有停過。

所謂牛李黨爭，是說兩黨的核心人物：李德裕與牛僧孺。前述事件中，牛僧孺並未涉入，而李德裕也並未關說請託，但因為涉及李宗閔，李德裕乃藉機落井下石「報父仇」。

李德裕的父親李吉甫，在唐憲宗時擔任宰相，是「元和中興」的核心人物之一，與裴度同為強硬派。李吉甫對後世最大的貢獻，是編纂了一本《元和郡縣圖志》，為現存最古老的一本方志地理著作，詳細記錄了大唐帝國十個道，所有府、州、縣的沿革歷史與地理資料，且都附有地圖。

如此一位有才、有能的宰相，卻被幾位當時的青年才俊抨擊「為權幸撐腰」。所謂「權幸」，指的是宦官；幾位青年才俊包括李宗閔、牛僧孺與皇甫湜。當時唐憲宗下詔策試「賢良方正」（策試，就是考對策，應試者各自提出對時政的針砭與建言），牛僧孺、李宗閔和皇甫湜都「直言無所避」，主考官楊於陵、韋貫之將他們判為「上第」（第一等），憲宗更下詔嘉勉，要中書省優先調升。

李吉甫對這些「白目少年」很不滿意，有一次在皇帝面前訴說冤情（受年輕人苛責），說得都哭出來了。憲宗為了安撫他，將考官外貶，那幾個判為「上第」的青年才俊則暫時「凍結」。先前說的「調升」當然沒了，後來各自到各地節度使的幕府求發展。

而青年士子嚴詞批評宰相又有其社會背景：李吉甫是「趙郡李氏」後代，是高門世族的代表，因而受到進士出身的寒門士子攻擊。後來的牛、李兩黨，「牛黨」幾乎都是進士，「李黨」包括李德裕在內，很多都「未及第」——未及第而當大官，靠的當然是門第了。

元稹不但是高門，甚至高到了頂——北魏皇室由拓跋氏改為元氏。可是，元氏到唐朝漸漸落沒了，元稹家貧，無力延師授業，只能由母親鄭氏親自執教詩書（元母出身滎陽鄭氏，是「天下五甲姓」之一）。元稹十五歲明經科及第，後來又考取了兩科，但都不是「進士科」。

唐代科舉名目甚多，最熱門的是進士和明經兩科。不過兩科相比也有難易之分，進士科難，「大抵千人得第者百一二」（錄取率只有一～二％）；明經科「得第者十一」（錄取率十分之一），因而三十歲考取明經科稱為「老明經」，五十歲考取進士稱為「少進士」。此所以進士及第成為仕進主流，而進士會瞧不起「非進士」。

元稹因唐穆宗的賞識而入了翰林，與李德裕、李紳同事且齊名，時人稱之為「三俊」。因此，當李紳打擊李宗閔，而李德裕「落井下石」為父親出氣時，元稹乃站在二李同一陣線。從此，元稹就被歸為李黨。

然而，元稹跟白居易兩度在吏部的任官考試同科及第，更同時擔任校書郎職務，兩人交稱莫逆，還一同宣導新樂府運動，詩作號「元和體」，並稱「元白」。但是，白居易卻被歸為牛黨，兩人因朝廷黨爭「政權轉移」而外放、內調，好幾次在途中相遇，一個出京、一個進京，不勝唏噓。

【原典精華】

自識君來三度別，這回白盡老髭鬚。

戀君不去君須會，知得後回相見無。

——〈元稹・過東都別樂天〉

那一年，元稹由浙東觀察使受徵召入朝為尚書左丞，經過洛陽，白居易當時在洛陽擔任一個閒散官，兩人相逢唱酬，詩作卻一語成讖，從此未能再相見。

元稹與裴度的關係變化更諷刺：裴度的輩分、地位都超越「牛李兩黨」，事實上不涉入黨爭。他原本非常賞識元稹，但因為元稹跟段文昌站在一線，裴度後來乃因事彈劾元稹，甚至連韓愈都因此跟元稹疏遠了。而跟韓愈關係親密的張籍（「還君明珠雙淚垂」作者），後來也跟元稹保持距離。元稹後來一度風光，當上宰相，全因李黨得勢；當然，他也隨著「政權輪替」下台。

一位才華洋溢的文學家，若生在開元盛世，說不定能跟李白、杜甫齊名。可惜處在衰世，陷入政治漩渦，身不由主。元稹的傳世詩句「曾經滄海難為水」，用在他隨黨爭而浮沉的仕途，竟然也那麼切合！（原詩是悼念亡妻之作）

27、瀟灑不羈——杜牧·十年一覺揚州夢

牛李黨爭的兩位「黨魁」是牛僧孺和李德裕。雖然兩黨都互指對方為小人，稱自己是君子，但平心而論，這兩位「黨魁」都不算是「小人」。

宿州（今安徽泗縣）刺史李直臣貪贓枉法，依律應判處死刑。李直臣以貪污所得，大手筆賄賂宦官，宦官乃向皇帝求情。時任御史中丞（相當今監察院副院長）的牛僧孺堅決請求判他死刑。

唐穆宗說：「李直臣有才幹，殺了可惜。我想，派他去邊疆（對付吐蕃等外患）好了。」

牛僧孺說：「如果是沒有才幹的人，只是為了衣食妻兒而貪小利，可以不必太擔心他們。朝廷綱正法紀，重點應該在管束奸雄，抑制那些有才幹的人起妄心。」唐穆宗非常欣賞他這番言論，當場賜給金魚袋和紫衣，那是高官顯爵才能用的服飾。至於李直臣，最後

判了死刑。

穆宗朝中有一對父子韓弘、韓公武，兩人都身居高位，家財鉅萬。卻在極短的時間內，韓公武突然去世，接著韓弘也去世，只剩稚齡的孫兒韓紹宗繼承龐大的家產，家中奴僕甚至跟低級官吏發生爭執，告到了御史府。穆宗擔心韓紹宗孤弱受欺，下令將韓弘的家產帳目全部送進皇宮，親自查閱。

這一查閱，不得了，幾乎所有當權的官員、宦官都收受過韓弘的餽贈。卻在帳冊內看見一行用紅筆寫的小字：「某年某月某日，送戶部牛侍郎錢千萬，拒收。」

穆宗為此興奮不已，拿給左右侍從看，說：「怎麼樣？我沒看錯人吧！」不久，任命牛僧孺為宰相。那一次，另一位原本呼聲甚高，卻因而未當上宰相的，就是李德裕。

而李德裕非但不是小人，並且以提攜、照顧孤寒著稱。他最後被貶崖州（今海南三亞市）時，就有「八百孤寒齊下淚，一時回首望崖州」的感人場面。

可是，兩黨的「黨人」卻都是小人行徑：作詩或著書誣陷、抹黑對手，挑撥大臣，結交宦官、藩鎮，當然最拿手的還是排擠對手。在那種情況之下，能夠同時得到牛、李兩黨「黨魁」賞識者，堪稱鳳毛麟角，杜牧是其中一個。

杜牧的祖父杜佑當過宰相，到他時家道雖中落，但畢竟仍是書香門第，二十六歲進士及第，開始仕宦之途。穆宗初年，牛李黨爭開始之時，他才十九歲，步入仕途最初五年，剛好牛黨得勢，之後換李黨當權，接下去再對換。也就是說，杜牧的宦途剛好是黨爭最烈的時期，因此他無可避免的跟牛、李兩人都有所交往。

李德裕第一次拜相，牛僧孺外放淮南節度使（治所揚州）時，就延攬杜牧入幕，先擔任節度推官，再轉掌書記。前者管刑獄，必須晨入夜歸，除非生病，不許外出；後者管文書、號令、人事升絀（油水很多）。這項調動，顯然看出杜牧受到牛僧孺的重用與照顧。杜牧更因此得以享受揚州的宴遊生活，並表現在他的文學作品中：

【原典精華】

落魄江湖載酒行，楚腰纖細掌中輕。
十年一覺揚州夢，贏得青樓薄倖名。

——《唐詩三百首・杜牧・遣懷》

其他還有「明月滿揚州」、「歌吹是揚州」、「春風十里揚州路」等詩句，也都是歌詠揚州的風情。

由於掌書記位居幕府要津，杜牧夜遊、宿妓院，治安官吏不敢取締他，只能打報告給節度使。

有一次，幕府下班了，杜牧被牛僧孺留下來「個別談話」。牛僧孺說：「年輕人好玩可以，但不可夜中獨遊，萬一夜裡昏暗，發生什麼意外怎麼辦？」

杜牧起初還抵賴，牛僧孺叫人拿來一個盒子，裡面有一百多張（！）報告，杜牧這才謝罪。

杜牧另一首名詩：「煙籠寒水月籠沙，夜泊秦淮近酒家。商女不知亡國恨，隔江猶唱後庭花。」則是他在煙花侈糜的場合，興起的憂國憂民之思。

事實上，杜牧絕非只有風流一面，他也專注於治亂與軍事，二十三歲就寫〈阿房宮賦〉，也曾註解《孫子兵法》十三篇。李德裕幾番主政期間，杜牧曾兩度「上書言兵事」，一次是針對討伐回紇，一次是針對討伐藩鎮劉稹。

昭義節度使劉從諫去世，將校擁立他的姪子劉稹為節度留後，並向朝廷要求正式任命為節度使。當時皇帝是唐武宗，不願接受藩鎮強索，宰相是李德裕，支持皇帝的強硬立場，調度各鎮圍攻昭義，可是進展不順利。

杜牧當時擔任黃州（治所在今湖北黃岡市）刺史，上書朝廷，說：「河北三鎮歷來都同進退，成德、魏博雖然有派兵參與圍攻，但是並不用力。我建議河陽節度使派兵封鎖天井關，忠武、武寧、平盧等軍直搗上黨（今山西長治市，昭義軍大本營），用不了幾個月，一定可以犁庭掃穴。」李德裕相當程度的採納了杜牧的建議，後來討平劉稹，李德裕因此進爵為衛國公。

可是，李德裕對杜牧個人從未有過佳評，也不曾引薦過杜牧任官。原因無他：杜牧被歸為「牛黨」。

杜牧本人呢？

他跟牛僧孺是晚輩對長輩，從不忌諱自己是「牛黨」。上書李德裕提出軍事見解，是基於人臣對國是的熱心。而他並未受到李黨太多「迫害」，則應該給李德裕一個公平評價：李德裕掌權期間，儘管排斥「牛黨」，但至少能做到「不以人廢言」。

28、左右不是
——白居易・江州司馬青衫濕

相對於杜牧能夠灑脫的與牛僧孺、李德裕兩人往來，試圖以不偏不倚立場，獨立於黨爭之外的詩人——白居易，卻始終被人貼上朋黨標籤，無法擺脫。

最初牛僧孺、李宗閔、皇甫湜等，直言指陳時政缺失，使得宰相李吉甫向唐憲宗哭訴，以致考官與考生都被貶斥。白居易當時是翰林學士，上疏為他們辯護，認為那一科既然是「賢良方正直言極諫科」，皇帝既然下了詔「徵之直言，索之極諫」，當然就應該「言者無罪」，如今卻因直言極諫而貶謫他們，可能因此「上下杜口」，造成不良影響。

這番言論雖然是公平之論，可是李吉甫的親信卻因此將白居易視為牛僧孺一黨。（雖然當時尚未發生牛李黨爭，但李吉甫的親信對李德裕肯定有極大影響力）

終於，給他們逮到反擊的機會。

前篇「宰相遇刺」一章述及，宰相武元衡在通衢大道上遇刺，死狀甚慘，白居易為此上疏，急請捕盜，「以雪國恥」。當時這類上疏很多，可是李黨這下逮到了白居易的小辮子：白居易時任太子左贊善大夫，性質是「宮官」，不是「言官」，上疏有「逾越職分」之嫌，於是參了他一本——你之前幫言官講話，如今你不是言官，不能「言者無罪」了吧！

在此之前，白居易曾任左拾遺，屬於諫官，可是他上疏用詞太過「直白」，惹得唐憲宗不舒服，曾說：「白居易無禮，朕實難耐！」因此，這回被參，白居易乃被詔貶江州（治所在今江西九江市）刺史。貶謫途中，對手再次追擊，指母親因看花墜井而死，而白居易居然作「賞花」與「新井」詩，如此不孝之人，不宜當郡長官，因此再貶一級為江州司馬。事實上，詩是他作的，但那兩首詩是不同年份的作品，更不是母喪前後所作！

於是我們得以體會白居易謫居九江時的心情：

【原典精華】

……同是天涯淪落人，相逢何必曾相識！我從去年辭帝京，謫居臥病潯陽①城。潯陽地僻無音樂，終歲不聞絲竹聲。……座中泣下誰最多，江州司馬青衫濕！

——節錄《唐詩三百首．白居易．琵琶行》

白居易這首膾炙人口的〈琵琶行〉有一敘述，其中寫道：「余出官二年，恬然自安，感斯人言，是夕始覺有遷謫意。」外放兩年才因琵琶女而自傷貶謫，白居易絕非違心之論，因為他一生不追求權位。但問題卻在於，他跟牛僧孺的私交太好了！例如他在江州司馬任上，曾寄一首詩給牛僧孺及另外兩位朋友，詩句有「終身膠漆心應在，半路雲泥跡不同」——既然「終身膠漆」，難怪別人將他歸為牛黨。

白居易在江州待了三年多，憲宗駕崩，穆宗繼位，詔命移調忠州刺史，旋即召回京師。可是，接著就發生了黨爭枱面化的那次制舉考試。白居易發現，他身在朝廷，難以置身於黨爭之外，可是他完全不願意捲在黨爭之中，於是他主動請求外放。

隔年，唐穆宗詔命白居易出任杭州刺史，他因而得以避開第一輪的黨爭（五年之中，李逢吉、李宗閔、牛僧孺先後拜相，元稹、李德裕皆下台外放），在杭州、蘇州當刺史，與元稹、劉禹錫酬唱往來，不亦樂乎。

杭州刺史任上，白居易致力於興修水利。杭州西湖有一道「白堤」，相傳是他任內所做，但那是因為有「護江堤白踏晴沙」的詩句誤傳。白居易真正的治績是將西湖清淤，增

①潯陽：江州臨長江的城樓，今九江市中心區。

加蓄水，舒緩旱災災情，並作〈錢塘湖石記〉，將他治理西湖的方法，刻石置於湖邊，供後來治西湖之參考。

等到再被召回長安，皇帝換成了唐文宗。文宗很欣賞白居易，有意任命他為宰相。那時李德裕是首席宰相，文宗徵詢他的意見，李德裕說：「白居易年老多病，恐怕不堪朝廷重任，他的堂弟白敏中詩文、學問不亞於他。」於是拉拔白敏中為翰林學士，而白居易則繼續閒置。

白居易的好朋友劉禹錫，送了一些白居易的文稿給李德裕。隔了好一段時間，劉禹錫去拜訪李德裕，問起：「看過白居易的文稿了嗎？」李德裕這才叫人拿來看。一整箱文稿，箱子外面厚厚一層灰塵。

李德裕打開箱子，旋即闔上，對劉禹錫說：「此人的文章，不必看了。」

這就是黨爭最糟糕的地方：再好的人才，再好的文章，再好的政策主張，就因為是「對立一黨」，就「不必看了」！

然而，白居易不以此為憾，他六十八歲致仕（退休，領半薪），與洛陽香山寺僧人往來密切，穿著白衣，拿著鳩杖，自號香山居士——牛李朋黨之爭，對他而言，是「人間煙火事」，不聞不問了。

29、我行我素 ——劉禹錫・前度劉郎今又來

白居易與元稹並稱「元白」，另一位與他並稱「劉白」的是劉禹錫，也是「不涉入牛李兩黨，卻因黨爭受害」的一位文學家，可是他的「受害」內容，卻與元白大不相同。

劉禹錫跟白居易同年生，只是他出道很早——白居易與元稹初入仕那一年，劉禹錫已經進入權力核心。

前文提及一位有心改革卻欲振乏力的唐德宗李适，晚年健康狀況不佳，卻遇到一個重大打擊——太子李誦突然中風。

元旦（正月初一）朝會上，所有的李姓親王與皇親國戚都到金鑾殿晉見，獨不見太子李誦。唐德宗涕淚橫縱，哀嘆不已，當天就臥病不起。病情一天比一天嚴重，一連二十多天，內外消息斷絕，官員都不知道皇帝跟太子是否平安。

終於，宮內召喚翰林學士入宮撰寫遺詔。太子李誦抱病出九仙門，召見禁軍將領，

以安定人心。三天後，李誦登極（唐順宗），宮廷衛士踮起腳跟、伸長脖子窺探，耳語傳話：「真的是太子！」人心這才大定。

但是，李誦事實上已失去語言能力（研判傷到了大腦語言中樞），一直住在宮裡，床前懸掛帳幕，百官奏事須由宦官轉呈批示，這種情況持續了將近十天，唐順宗李誦才正式接受百官朝見。

順宗的身體不好，朝政通通交給他最親信的王叔文。

王叔文工於心計：他在擔任太子侍讀時，經常利用機會向李誦陳述民間疾苦。有一次李誦跟幾位太子侍讀談話，講到「宮市」為害，說：「我想要對父皇強力提出，反對宮市！」在場一片讚揚之聲，只有王叔文悶不吭聲。會後，李誦要王叔文單獨留下，問他：「你常常跟我說宮市為害，方才為何一句話也不說？」王叔文說：「我承蒙太子看重，不敢隱瞞任何事情。然而皇上在位已久，如果懷疑你刻意收買人心，你要如何解釋？」李誦當場頓悟，流著淚說：「若不是你，我不可能想到這些！」從此對王叔文完全信任。

王叔文於是建議太子，在心裡組織「影子政府」，秘密結交翰林學士韋執誼，同時結合一批新銳官員，其中就包括劉禹錫與前文說過的柳宗元。

李誦登極成了唐順宗，首先擢升韋執誼為宰相，王叔文則升為翰林學士。百官奏章一律先交翰林院，由王叔文決定批准或批駁，然後以皇帝名義送到中書省，交由韋執誼負責執行。

而王叔文在宮外的黨羽，劉禹錫、柳宗元，以及韓泰、韓曄、陳諫等，也就「一人得道，雞犬升天」，組成執政小圈圈。這一群權力新貴，互相吹捧，你說我是伊尹（商湯的宰相），我說你是周公，我說他是管仲，他說我是諸葛亮，簡單說，得意忘了形！

然而，「王叔文黨」（後來被貼上的標籤），既然是一批新銳，自然也做了一些改革，衝擊最大的就是撤除「宮市」。

什麼是宮市？「宮」就是皇宮，「市」就是買賣。皇宮的採購是宦官的油水。唐朝在開元盛世之前，宮中規矩森嚴，唐玄宗雖然寵信宦官高力士，高力士的影響力也只及於皇帝一人。可是唐肅宗以後，宦官弄權成為常態，宰相、藩鎮、朋黨都要賄賂宦官。當然，那些大權、大利只有當權大宦官才能享有，其他中低層宦官的油水，就來自宮市。

宦官的貪念和膽子愈來愈大，起初還僅止於強行徵購，後來乾脆派出「白望」——穿著白衣在市場東張西望，看中什麼，只要說是「宮市」，老百姓大氣也不敢吭一聲，乖乖奉上。而他們用以買東西的「貨幣」，卻是將破綢染成紫紅色，撕成條狀、塊狀給付。於是有下面這首詩：

【原典精華】

賣炭翁，伐薪燒炭南山中。
滿面塵灰煙火色，兩鬢蒼蒼十指黑。
賣炭得錢何所營？身上衣裳口中食。
可憐身上衣正單，心憂炭價願天寒。
夜來城外一尺雪，曉駕炭車輾冰轍。
牛困人飢日已高，市南門外泥中歇。
翩翩兩騎來是誰？黃衣使者白衫兒。
手把文書口稱敕，回車叱牛牽向北。
一車炭，千餘斤，宮使驅將惜不得。
半匹紅紗一丈綾①，繫向牛頭充炭直②。

——〈白居易·賣炭翁〉

這哪裡是買賣？根本是搶劫！

另一項宦官惡行是「五坊小兒」。所謂五坊，是為皇家玩樂而設的：雕坊、鶻坊、鷹坊、鷂坊、狗坊。宦官不務正業，派小宦官在長安街巷張羅網、捕鳥雀，用來勒索民商，不付錢買鳥雀的，就把羅網設在他家門口，不准他家人出入。稍微靠近，就警告：「你嚇到了進貢的鳥！」直到店商拿錢出來「贖罪」，才揚長而去。

王叔文「黨」將這些弊端都「革」了，人心大快，因而也有人稱之為「永貞革新」。而宦官雖然痛恨，由於唐順宗一切都聽王叔文的，也只能忍氣吞聲。

可是順宗身體實在不行了，終於宦官聯合大臣，由翰林學士撰寫冊立太子的詔書，再由宦官寫一張字條：「太子應立嫡長子」，拿給病榻上的唐順宗看。唐順宗點了點頭，宦官就拿著詔書，出去「宣詔」了。

過幾天，唐順宗體力可以，登宣政殿，冊立太子李純。文武百官看見李純儀表堂堂，互相道賀，甚至有人感動流淚。只有王叔文神色憂慮，口中吟詠「出師未捷身先死，長使英雄淚滿襟」詩句，聽到的人都為之失笑。

①綾：音「零」，薄的絲織品。
②直：通「值」。

下一步，宦官讓順宗交出大權，先由太子「句當」（全權處理）軍國大事，然後退位稱「太上皇」，由李純登極。

李純就是「元和中興」的唐憲宗，一即位，就貶王叔文為渝州（今重慶市）司戶參軍，隔年，下詔賜死。（「出師未捷身先死」，一語成讖。）

王叔文垮了，「王黨」也通通外放，包括柳宗元為邵州（今湖南邵陽市）刺史，劉禹錫為連州（今廣東連縣）刺史。他們走到半途，再追貶：柳宗元為永州（今湖南永州市）司馬，劉禹錫為朗州（今湖南常德市）司馬。

「八司馬」外放十年以後才被召回長安。還在等候任命新職，劉禹錫卻因一首詩〈戲贈看花諸君子〉惹禍上身：

紫陌紅塵拂面來，無人不道看花回。
玄都觀裡桃千樹，盡是劉郎去後栽。

這首詩明著批評當道，當時的宰相是武元衡（前文述及在大街上被刺殺那位），發動諫官上疏，重提「王叔文黨」舊事，於是再貶柳宗元為柳州（今廣西柳州市）刺史，劉禹錫為播州（今貴州遵義市）刺史。

柳宗元認為，播州地處蠻荒，劉禹錫上有老母，不可能母子一同赴任，有意請求跟劉禹錫對調。

御史中丞裴度（後來平淮西的總指揮）向皇帝求情：「劉禹錫的母親年邁，跟兒子生離，無異於死別，使人傷感！」

憲宗說：「為人子尤應自愛，不該令父母擔憂，劉禹錫竟然教老母為他擔憂，實應加重懲罰。」

裴度說：「陛下正奉養皇太后，應該憐憫劉禹錫。」

唐憲宗想了好久，說：「我的話是責備人子，並不想傷慈母之心。」隔天，下詔改派劉禹錫為連州刺史——十年前沒去，這次終於去了。

四年後，劉禹錫母親過世，他回洛陽守喪，喪期滿，再外放夔州與和州刺史。等到再被召回長安，他又去了玄都觀，又作了詩〈再遊玄都觀〉：

百畝庭中半是苔，桃花淨盡菜花開。
種桃道士歸何處？前度劉郎今又來。

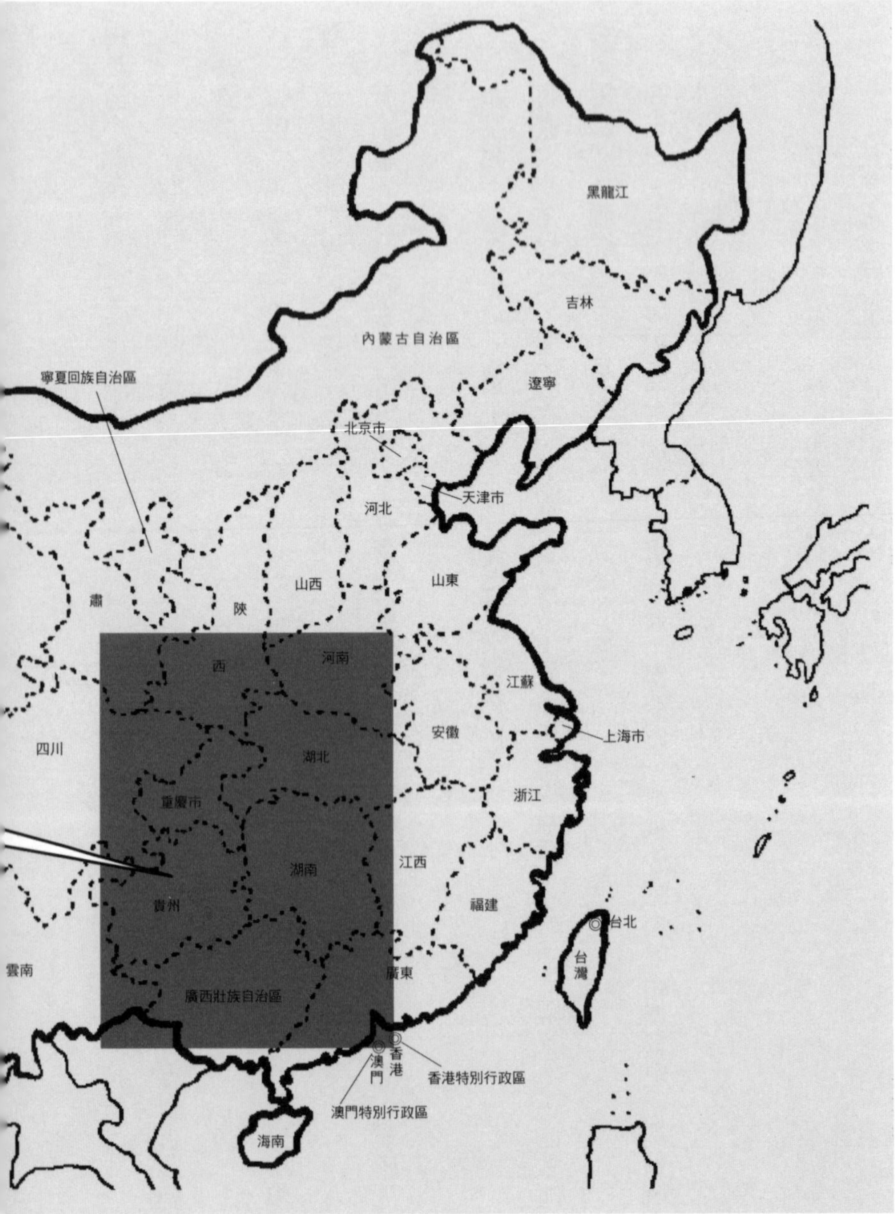
黑龍江
吉林
內蒙古自治區
遼寧
寧夏回族自治區
北京市
天津市
河北
山西
山東
肅
陝
西
河南
江蘇
上海市
安徽
四川
湖北
重慶市
浙江
江西
湖南
福建
貴州
台北
台灣
雲南
廣東
廣西壯族自治區
香港
澳門
香港特別行政區
澳門特別行政區
海南

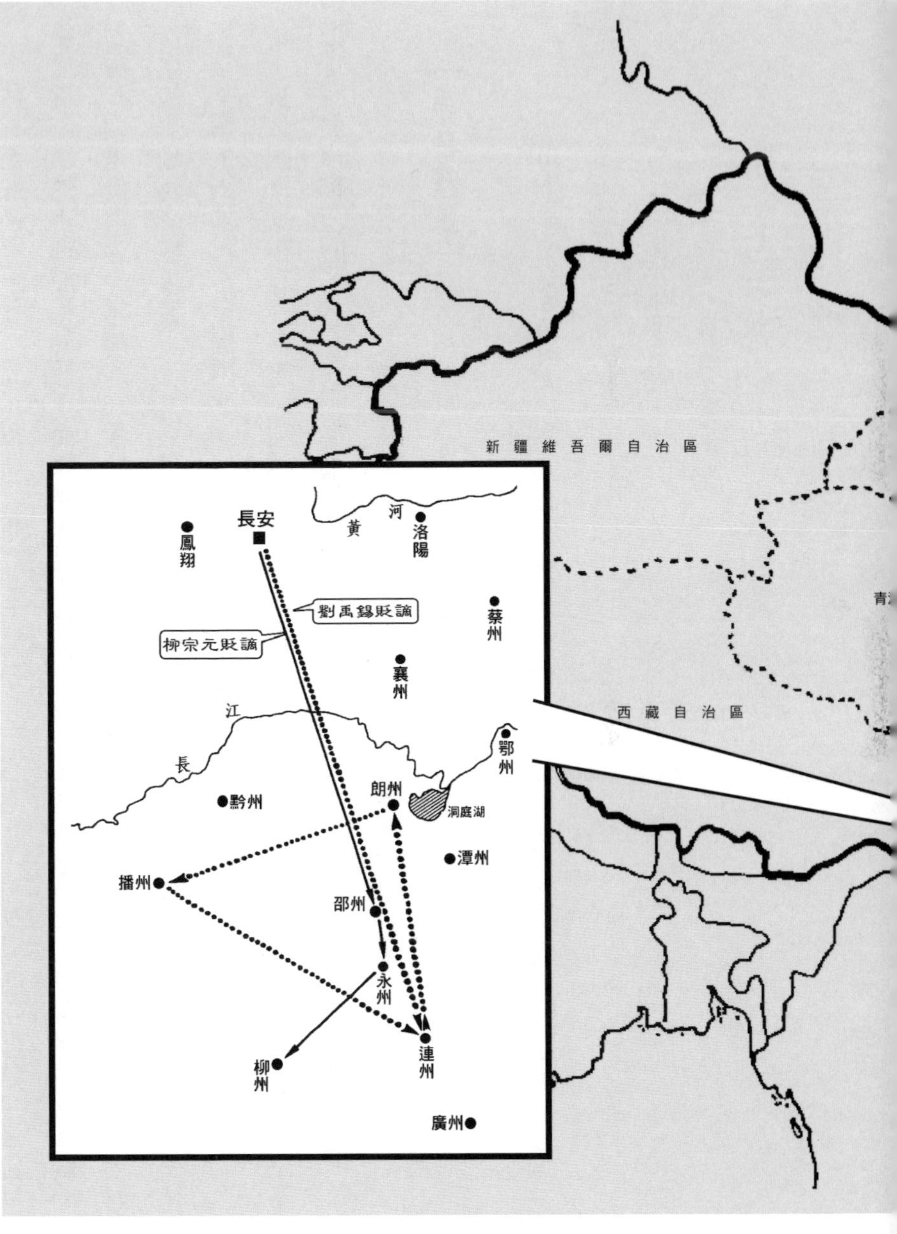
新 疆 維 吾 爾 自 治 區
西 藏 自 治 區
長安
鳳翔
黃
河
洛陽
劉禹錫貶謫
柳宗元貶謫
蔡州
襄州
江
長
鄂州
朗州
黔州
洞庭湖
潭州
播州
邵州
永州
連州
柳州
廣州

兩首詩相隔十一年，皇帝換了三位，牛李黨爭也已白熱化。雖然當時正好是牛黨領袖牛僧孺、李逢吉都罷相外放，而李黨領袖李德裕尚未拜相的「空檔」。劉禹錫詩文諷刺的對象，則是針對十一年前的「種桃道士」，並未諷刺當道。可是，當時在位的宰相們，對自己被比喻為「種菜道士」，也不十分高興。因此，劉禹錫就此被冷凍了兩年。直到李德裕當宰相，劉禹錫才得重用。

雖然跟李德裕私交甚篤，但劉禹錫從來不是「李黨」。事實上，他恃才傲物，從來不把那些追求權力的文人看在眼裡。看他的散文〈陋室銘〉就明白了：

【原典精華】

山不在高，有仙則名，
水不在深，有龍則靈。
斯是陋室，惟吾德馨①。
苔痕上階綠，草色入簾青。
談笑有鴻儒，往來無白丁。

可以調素琴，閱金經②。
無絲竹之亂耳，無案牘之勞形。
南陽諸葛廬，西蜀子雲亭③。
孔子云：「何陋之有？」

——《古文觀止・劉禹錫・陋室銘》

劉禹錫臨終為自己寫墓誌銘：

「這一生不算早夭，境遇也不卑賤，是天生的福分。雖然多災多難，是命中注定，無須怨尤。上天賦予我才能，卻不讓我施展。儘管有人誹謗，我卻心無憂慮。安臥在北窗之下，我的生命已到了盡頭。……」

他事實上做到了，我行我素，管他是牛黨，還是李黨！

① 馨：香氣。意指「因為我的德行高，陋室才有了香氣」。
② 金經：佛家《金剛經》。
③ 子雲亭：西漢文學家揚雄，字子雲。諸葛亮出山之前住草廬，揚雄未顯達時住草亭。

30、懷才不遇——李商隱・一生襟抱未曾開

相對於劉禹錫的灑脫，李商隱一生自認為懷才不遇。只因李商隱的時代正是牛李黨爭最激烈的時代：登進士第那一年，牛僧孺與李德裕都已拜相又外放；過世前九年，牛、李已先後過世。易言之，李商隱既沒有家世背景，就只能隨黨爭的漩渦浮沉；又因他未能進入朋黨核心，於是終生不得一展抱負。他的好友崔珏為他寫的悼亡詩：

【原典精華】

虛負凌雲萬丈才，一生襟抱未曾開。
鳥啼花落人何在，竹死桐枯鳳不來①。
良馬足因無主踠②，舊交心為絕弦③哀。

九泉莫嘆三光④隔，又送文星⑤入夜台⑥。

——〈崔珏・哭李商隱〉

詩中「良馬無主」則是最為貼切的描述。公平點說，李商隱其實也不是沒有機會，只是他「太聰明」了，好比良馬「轉槽」太快，在朋黨壁壘分明的年代，想要多方討好，終致都不討好。

李商隱是個天才兒童，「五年誦經書，七歲弄筆硯」，十七歲就以詩文干謁天平節度使令狐楚。

令狐楚當過宰相，因與裴度意見不合而外放，但因他是政治世家，在長安政壇的影響力始終維持。他讓李商隱跟兩個兒子交往，並資助他進京考試。考了幾次都沒中，終於在令狐家的好朋友高鍇當主考官那一次，李商隱「剛好」登進士第。

①相傳鳳凰「非竹實不食，非梧桐不棲」，崔珏以李商隱為鳳凰，說他一生未得好機會。
②踠：音「萬」，屈曲。
③絕弦：斷琴弦。引「伯牙為鍾子期終生不再彈琴」的故事。
④三光：日月星。
⑤文星：文曲星。
⑥夜台：墳墓。

唐朝的進士及第只是任官資格考，必須再經過吏部考試「登科」，才能授官。可是令狐楚卻在那一年過世了，李商隱無法在長安得到官職，於是他投靠姨丈河陽節度使王茂元，為幕府掌書記。王茂元愛其才，將女兒嫁給李商隱，於是姨丈又成了岳父。

王茂元是個武將，將門出身，家財豐厚，跟李德裕私交甚篤。在討伐昭義節度使的戰爭時，李德裕擔任宰相，對王茂元增援軍、供兵甲、弓矢。因而，雖然武將未涉及黨爭，可是由於「牛李不並存」，王茂元乃被貼上「李黨」標籤。

偏偏令狐楚是「牛黨」：其實他的輩分高於牛僧孺，只因他先跟裴度對立（裴度也沒有朋黨，但他的對頭段文昌是李黨），後來又跟元稹（李黨）不和，當遭到元稹排擠時，牛黨的李逢吉對他伸出援手，於是他就被歸為牛黨。

當李商隱投靠王茂元，可以想見牛黨中人對他的不諒解，尤其是令狐楚的兒子令狐綯。他倆年輕時曾是好朋友，可是李商隱居然「恩將仇報」投向敵營，當然至為光火。李商隱對令狐綯亦懷抱歉疚，曾經寫了一首詩給令狐綯：

嵩雲秦樹久離居，雙鯉迢迢一紙書。
休問梁園舊賓客，茂陵風雨病相如。

這首詩引喻與用典皆屬上乘：嵩山在河南，用「嵩雲」和「秦樹」比喻他跟令狐綯，一在河南，一在長安。然後用了司馬相如的典故：司馬相如年輕時曾經在梁孝王幕下為賓（梁園是梁孝王的園林），而晚年則病居長安附近的茂陵。一方面敘舊情，一方面說明，自己若留在長安，沒有仕祿，可能成為「病相如」了！

造化弄人，王茂元過世了。李商隱回到長安找頭路，多次派差，卻始終沒有好職缺。這時，新派任桂管經略使（治所今廣西桂林市）的鄭亞找上了他，聘他為判官，於是他又去到桂林。而鄭亞是李德裕的嫡系幹部，這下子，李商隱的「李黨」標籤再也撕不下來了。隔了幾年，李德裕垮台，被貶放潮州司馬，鄭亞也降貶循州（今廣東惠州市）刺史，李商隱跟著他在嶺南流浪了三年，才又回到長安。

潦倒的李商隱不得已寫信給令狐綯，此時牛黨全面得勢，當權宰相是白敏中（白居易的堂弟），令狐綯位居翰林學士，居權力核心。他拒絕了李商隱的求助，李商隱乃只能屈身於低級官職。京兆尹盧弘正很欣賞李商隱，可是不敢太重用，直到盧弘正外放武寧節度使（治所今江蘇徐州市），才聘他為掌書記。

至此，牛僧孺、李德裕都已過世，牛李黨爭落幕，令狐綯則當上了宰相。盧弘正病故後，李商隱再回到長安，令狐綯給了他一個「太學博士」的官，算是李商隱一生最高位的京官。

可是李商隱已經對仕進死了心，柳仲郢出任西川節度使，邀請他入幕，他毅然放棄了太學博士這個清高、清閒且俸祿不錯的京官，跟著去西川當節度判官。

在西川，他遊歷了當年諸葛亮北伐時，駐軍籌劃的籌筆驛，觸景生情，作詩句「管樂有才元不忝，關張無命欲何如？」意思是，諸葛亮自比管仲、樂毅，才能其實也不遜於管仲、樂毅，只可惜關羽、張飛等猛將已死，北伐功業終究不能成功，即使諸葛亮也只能徒呼負負。

這應該是李商隱自況，空負才華卻捲在黨爭漩渦中，徒呼負負吧！

〈尾聲〉落花流水

李德裕比牛僧孺晚一年去世，那時候的皇帝是唐宣宗李忱。宣宗是大唐倒數第五個皇帝，連他在內，到大唐滅亡，合計六十一年。大致上，大唐盛世（開國到安史之亂）一百三十餘年，由盛轉衰（也就是安史之亂以後）期間近百年，之後就是尾聲。

牛李黨爭結束，唐宣宗一度振作，號稱「大中之治」，史書記載：權豪斂跡、奸臣畏法、閹寺懾氣。也就是沒有權奸（如李林甫、盧杞），沒有黨爭，也沒有宦官弄權。對外則一再擊敗吐蕃、回紇、党項，收復河湟地（今青海東部，黃河與湟水之間的河谷地，安史之亂後被吐蕃據有）。可是他在位只有十五年，好景曇花一現。之後發生黃巢民變，一度攻進長安，此後朝廷遂形同虛設，藩鎮割據形同分裂國家，終至進入五代十國。

唐詩的興盛則延續到五代，也出了不少有才氣的詩人。然而，由於國勢已衰，多見嗟嘆，少見豪壯，「大唐風」就此漸逝。

國家圖書館出版品預行編目資料

大唐風：帝國盛極而衰 詩人隨波浮沉 / 公孫策著. -- 初版. -- 臺北市：商周出版：家庭傳媒城邦分公司發行, 2016. 03
面； 公分. -- (ViewPoint ; 84)
ISBN 978-986-92956-3-5(平裝)

1.中國史 2.歷史故事

610.9 105004145

ViewPoint 84

大唐風——帝國盛極而衰 詩人隨波浮沉

作　　者／公孫策
企畫選書／黃靖卉
責任編輯／林淑華

版　　權／黃淑敏、翁靜如、林心紅、邱珮芸
行銷業務／莊英傑、張媖茜、黃崇華
總 編 輯／黃靖卉
總 經 理／彭之琬
事業群總經理／黃淑貞
發 行 人／何飛鵬
法律顧問／元禾法律事務所王子文律師
出　　版／商周出版
台北市104民生東路二段141號9樓
電話：(02) 25007008　傳真：(02)25007759
E-mail：bwp.service@cite.com.tw
發　　行／英屬蓋曼群島商家庭傳媒股份有限公司城邦分公司
台北市中山區民生東路二段141號2樓
書虫客服服務專線：02-25007718；25007719
服務時間：週一至週五上午09:30-12:00；下午13:30-17:00
24小時傳真專線：02-25001990；25001991
劃撥帳號：19863813；戶名：書虫股份有限公司
讀者服務信箱：service@readingclub.com.tw
城邦讀書花園 www.cite.com.tw
香港發行所／城邦（香港）出版集團
香港灣仔駱克道193號東超商業中心1樓_ E-mail : hkcite@biznetvigator.com
電話：(852) 25086231　傳真：(852) 25789337
馬新發行所／城邦（馬新）出版集團【Cite (M) Sdn Bhd】
41, Jalan Radin Anum, Bandar Baru Sri Petaling, 57000 Kuala Lumpur, Malaysia.
電話：(603) 90578822　傳真：(603) 90576622

封面設計／許晉維
版面設計／洪菁穗、林曉涵
內頁排版／林曉涵
印　　刷／中原造像股份有限公司
經 銷 商／聯合發行股份有限公司
新北市231新店區寶橋路235巷6弄6號2樓　電話：(02) 2917-8022　傳真：(02)2911-0053

■2016年 3 月31日
■2019年 7 月18日 初版3.5刷
定價280元

Printed in Taiwan

城邦讀書花園
www.cite.com.tw

 ISBN 978-986-92956-3-5

請於此處用膠水黏貼

商周出版

讀者回函卡

感謝您購買我們出版的書籍！請費心填寫此回函卡，我們將不定期寄上城邦集團最新的出版訊息。

不定期好禮相贈！
立即加入：商周出版
Facebook 粉絲團

姓名：＿＿＿＿＿＿＿＿＿＿ 性別：□男 □女

生日：西元＿＿＿＿年＿＿＿＿月＿＿＿＿日

地址：＿＿＿＿＿＿＿＿＿＿

聯絡電話：＿＿＿＿＿＿＿＿ 傳真：＿＿＿＿＿＿＿＿

E-mail：

學歷：□ 1. 小學 □ 2. 國中 □ 3. 高中 □ 4. 大學 □ 5. 研究所以上

職業：□ 1. 學生 □ 2. 軍公教 □ 3. 服務 □ 4. 金融 □ 5. 製造 □ 6. 資訊
□ 7. 傳播 □ 8. 自由業 □ 9. 農漁牧 □ 10. 家管 □ 11. 退休
□ 12. 其他＿＿＿＿＿＿＿＿

您從何種方式得知本書消息？
□ 1. 書店 □ 2. 網路 □ 3. 報紙 □ 4. 雜誌 □ 5. 廣播 □ 6. 電視
□ 7. 親友推薦 □ 8. 其他＿＿＿＿＿＿＿＿

您通常以何種方式購書？
□ 1. 書店 □ 2. 網路 □ 3. 傳真訂購 □ 4. 郵局劃撥 □ 5. 其他＿＿＿＿

您喜歡閱讀那些類別的書籍？
□ 1. 財經商業 □ 2. 自然科學 □ 3. 歷史 □ 4. 法律 □ 5. 文學
□ 6. 休閒旅遊 □ 7. 小說 □ 8. 人物傳記 □ 9. 生活、勵志 □ 10. 其他

對我們的建議：＿＿＿＿＿＿＿＿＿＿

＿＿＿＿＿＿＿＿＿＿

＿＿＿＿＿＿＿＿＿＿

【為提供訂購、行銷、客戶管理或其他合於營業登記項目或章程所定業務之目的，城邦出版人集團（即英屬蓋曼群島商家庭傳媒（股）公司城邦分公司、城邦文化事業（股）公司），於本集團之營運期間及地區內，將以電郵、傳真、電話、簡訊、郵寄或其他公告方式利用您提供之資料（資料類別：C001、C002、C003、C011 等）。利用對象除本集團外，亦可能包括相關服務的協力機構。如您有依個資法第三條或其他需服務之處，得致電本公司客服中心電話 02-25007718 請求協助。相關資料如為非必要項目，不提供亦不影響您的權益。】

1.C001 辨識個人者：如消費者之姓名、地址、電話、電子郵件等資訊。
2.C002 辨識財務者：如信用卡或轉帳帳戶資訊。
3.C003 政府資料中之辨識者：如身分證字號或護照號碼（外國人）。
4.C011 個人描述：如性別、國籍、出生年月日。

請於此處用膠水黏貼